甲子園強豪校の監督術

ゴジキ
(@godziki_55)

発売 小学館　発行 小学

●**監督別甲子園通算勝利数ランキング**（太字箇所は本書で主に取り上げる監督）

順位	監督	高校	勝利数	優勝回数（春夏合わせて）
1位	**西谷浩一**	**大阪桐蔭**	**69勝**	**8回**
2位	**高嶋仁**	**智弁学園** **智弁和歌山**	**68勝**	**3回**
3位	中村順司	ＰＬ学園	58勝	6回
4位	**馬淵史郎**	**明徳義塾**	**54勝**	**1回**
5位	**渡辺元智**	**横浜**	**51勝**	**5回**
5位	前田三夫	帝京	51勝	3回
7位	木内幸男	取手二 常総学院	40勝	3回
7位	阪口慶三	東邦 大垣日大	40勝	1回
9位	中井哲之	広陵	39勝	2回
10位	蔦文也	池田	37勝	3回
10位	**小倉全由**	**関東一** **日大三**	**37勝**	**2回**
12位	尾藤公	箕島	35勝	4回
13位	深谷弘次	中京商（現・中京大中京） 三重 中京	33勝	3回
14位	**門馬敬治**	**東海大相模** **創志学園**	**31勝**	**4回**
14位	原田英彦	龍谷大平安	31勝	1回
14位	北野尚文	福井商	31勝	0回
17位	竹田利秋	東北 仙台育英	30勝	0回
18位	斎藤智也	聖光学院	29勝	0回
18位	佐々木順一朗	仙台育英 学法石川	29勝	0回
18位	杉浦藤文	中京商（現・中京大中京） 中京	29勝	2回

※SPAIA 2024年3月30日
「【高校野球】監督の甲子園通算勝利数ランキング、球史に残る名将たち」
（https://spaia.jp/column/baseball/hsb/23147）夏の甲子園全大会記録データBOOK』（英和出版社）をもとに編集部で独自に作成

◉監督別甲子園勝率ランキング（通算15勝以上。太字箇所は本書で主に取り上げる監督）

順位	監督	高校	勝率（春夏合わせて）
1位	山岡嘉次	中京商（現・中京大中京）	.882
2位	中村順司	PL学園	.853
3位	**西谷浩一**	**大阪桐蔭**	**.831**
4位	**門馬敬治**	**東海大相模** **創志学園**	**.795**
5位	尾藤公	箕島	.778
6位	**須江航**	**仙台育英**	**.773**
7位	蔦文也	池田	.771
8位	広瀬吉治	洲本 浪商	.750
9位	古屋文雄	横浜商	.742
10位	溝渕峯男	土佐 安芸 高知	.739
11位	和泉実	早稲田実	.731
12位	杉浦藤文	中京商（現・中京大中京）	.725
13位	梅谷馨	東洋大姫路	.720
14位	深谷弘次	中京（現・中京大中京） 三重 中京	.717
15位	香田誉士史	駒大苫小牧	.714
16位	原貢	三池工 東海大相模	.708
17位	青柳博文	健大高崎	.704
17位	大藤敏行	中京大中京	.704
19位	**渡辺元智**	**横浜**	**.699**
20位	斉藤一之	銚子商	.697

※スポーツ・スピリットNo. 32「高校野球甲子園『記録の90年』」（ベースボール・マガジン社）をもとに編集部で独自に作成

はじめに

私は、これまでプロ野球から高校野球の記事や書籍を執筆してきた。過去の書籍では、読売ジャイアンツや選手の坂本勇人《はやと》、ワンプレーや場面ごとを取り上げたり、プロ野球や高校野球の優勝チームの戦略、分析をメインとして書いてきた。

2023年は、これまでの高校野球に関する類書にはない、優勝校や勝ち続けている高校の分析をテーマに『戦略で読む高校野球』を出版。

今回も、高校野球に関する書籍では非常に珍しい内容になっている。私が得意としている分析によって、**高校野球の名将が行ってきた指導法やチームづくりを読み解くことで、野球に携わる方々はもちろん、野球以外の場面でも活用できると幸いだ。**

本書は、近年の高校野球のトップを走る監督である大阪桐蔭の西谷浩一《にしたにこういち》氏や仙台育英の須江航《わたる》氏など各名将の指導法を分析し、そこからマネジメントのヒントを得る実用書でもある。

高校野球の指導法は、巷《ちまた》から見ると古くさいイメージがあるが、今では指導者が時代に合わせたコミュニケーションを取っていることや、データを最大限に活用し、選手の人間力はもちろんのこと、技術的な部分まで成長させる試みをしており、**もはや先進的ともいえるのが事実だ。**

近年、学生教育からビジネスの人材育成まで、時代に合った指導方法が見直されている。これは、日本特有の良くも悪くも全体を最適化させる文化が大きな影響を与えているのだ。大人たちがつくってきた格差社会を是正すべく、様々な施策が行われた結果、学生の教育にも大きな影響を与えている。その結果、運動会で順位をつけない学校も出てきているようだ。

また、部活動でも様々な問題などが起きているため、今が改革の最盛期ともいわれている。**その部活動の中で、長年高い人気を誇るのが高校野球だ。**

各種メディアを見ても、高校野球におけるニュースは、夏の甲子園をはじめとし、プラスのことからマイナスのことまで、プロ野球と同様に大きく報道されている。

この高校野球を含め現代では、一昔前のような厳しい指導法が残りつつも、褒めて伸ばす指導法も増えてきている。

学生生活の部活における教育の、その選択が正しいかは、大局観を持って人生を見た上で、後になってみないとわからない部分はある。**しかし、現代の褒めて伸ばす教育方法は、指導者にとって非常に難易度が高く、生徒も挫折に打たれ弱くなるため、失敗から改善する能力が成長できないとも指摘されている。**

世界中の誰よりもヒットを積み重ねたイチロー（元シアトル・マリナーズ）は、

「今の時代、指導する側が厳しくできなくなって。（中略）これは酷なことなのよ。高校生たちに自分たちに厳しくして自分たちでうまくなれって、酷なことなんだけど、でも今そうなっちゃっているからね。迷ったときに、この人ならどう考えるんだろって存在は、そんな自分で整理してこれが正解だと思うっていけないですよ、なかなか。かといってじゃあ友達にそんなこと言ってさ、それも違うでしょ。どうしてる？　迷ったとき。誰に相談するの。自分の中で整理して進むしかないの？　どうであってほしいと思う？　厳しくしてほしいって子もいるでしょ、中には」

「自分たちを尊重してくれるのはありがたいんだけど、分からないこともいっぱいあるからもう少しほしいんだけどってない？　あるよね」

「ある時代まではね、遊んでいても勝手に監督・コーチが厳しいから全然できないやつがあるところまでは上がってこられた。やんなきゃしょうがなくなるからね。でも、今は全然できない子は上げてもらえないから。上がってこられなくなっちゃう。それ自分でやらなきゃ。なかなかこれは大変」とコメントしたことで大きな話題を呼んだ。

　イチローのこのコメントを見ても、**指導法の変革が求められる中、選手への指導や育成が難しくなっている**のがわかる。「厳しい状況」という名の負荷をかける時期がないまま、年齢を積み重ねてしまうことは、その人にとって非常に残酷な問題である。そんな中、他者からではなく、自分自身で厳しく律する重要性が増していることから、**今後は自分自身をコントロールするために「自主性」が必要となるだろう。**

実際のところ、この自主性を意識した指導法に変え、その指導法の再現性が高い高校は、近年の夏の甲子園の結果にも結びついている。具体的に、令和以降の夏の甲子園の優勝監督を振り返ってみる。

２０２１年に夏を制した**智弁和歌山の中谷仁《なかたにじん》氏**は、「昔ながらの指導ではなく、数字を示し、身近な目標を設定して結果を出させなきゃいけない時代だ」と主張している。加えて、「監督が決めたメニューをこなすことに慣れてしまっている」とも指摘しており、選手が自主性を持ち自ら練習メニューをつくることで、目的意識を持って練習できると話す。さらに、「（自主練を終えて）早く帰ることは悪じゃない。栄養や休養をとる時期を作り、そのありがたさを実感してほしい」と話しているように〝自ら休む〟ことも促している。

２０２２年に夏を制した**仙台育英の須江氏**は、客観的な数値を重視し、データ分析の専門班をつくっている。選手がデータを用いて自主的に練習することでレベルアップし、それを監督たちがまとめあげチームの能力を最大化し、その個性に最適化した戦略を立て、チームの勝利に結びつけているのだ。

２０２３年に夏を制した**慶応義塾の森林貴彦氏**は、選手を信用した上で、自主性を用いて考えさせることにより、「より高いレベルの野球を楽しもう」という意識を持たせて、勝利を貪欲に追求した。

このように、いまの高校野球は**「自主性」**や**「俯瞰《ふかん》的にチームや選手を見ること」「データ化（数値化）」**がキーワードになっているのがわかる。

また、拙著『戦略で読む高校野球』にも記載したように、監督の指示や一般論からくるセオリー通りの動きではなく、**選手達が「自分で考えて行動を実現させる力」**も、今後は重要な要素だ。現状、選手育成やマネジメントに関して、非常に難しくなっているのも事実である。受け身にならずに、これらの能力を養えるかは重要なポイントになっていく。

本書に登場する学校は、強豪校でエリートを集めているから強いと見られがちだが、**自分の学校や職場では真似できないとは思わないでほしい。実際、本書にも登場する下関国際・坂原秀尚氏のように、弱小校を全国区へと押し上げた監督もいるのだ。**

これらを考えると、選手育成やマネジメントを見ても、価値観から行動心理まで、指導者によって大きく変わることがわかる。ここまで書いた通り、本書では高校野球を一つのテーマとして、マネジメントや育成、采配などをこれまでにない観点から提示する。

なお本文にある情報や選手の成績、所属先などは２０２４年5月22日時点のものである。そして、本書の内容は全て自分の個人的な見解である。

目次

第2章　甲子園に新しい風を吹かせる〝ニュータイプ〟の監督たち

第5章 まとめ・考察

第1章

現代の高校野球を先頭で率いる監督たち

現役随一のスター監督　仙台育英・須江航が実践する「データ」と「感性」を融合させたチームづくり

令和に入り、高校野球で一番勢いに乗っている監督といえば仙台育英の須江航氏だ。今回の著書に関して、アポイントを入れた際に、丁寧に須江氏ご本人から連絡がきたが、改めて人間力の高さに感服した。2022年全国高等学校野球選手権大会[★1]の優勝時のコメントにもあった**「青春って密」「人生は敗者復活戦」**などの名言でも知られる有名監督である。

須江氏が仙台育英の監督に就任してからは、**東北勢初となる悲願の甲子園優勝を果たし、2019年から2023年は常にベスト8以上まで勝ち上がるなど全国トップクラスの強さを見せている。**また、明徳義塾の名将・馬淵《まぶち》史郎氏（P66）からは、2021年の選抜高等学校野球大会[★2]で対戦した際に、「東北でリーダーシップ取れる監督かもしれませんね。投手の精神力も強い。脚力もある。よくあれだけ足の速いのを揃えましたなあ」≦とコメントされるほどだ。前任の佐々木順一朗氏も甲子園春夏準優勝を記録するなど、東北勢としてはトップクラスの強さを見せていたが、須江氏はそれを上回る勢いで勝ち星を積み重ねている。左が前任者と須江氏が率いたチームの甲子園成績である。

・佐々木順一朗氏就任時：29勝19敗、春の甲子園に6回、夏の甲子園には13回出場。春準優勝1回、夏準優勝1回、国体優勝1回、明治神宮野球大会優勝2回。
・須江航氏就任時：17勝5敗、春の甲子園に3回（交流試合含む）[★3]、夏の甲子園には4回出場。夏優勝1回、夏準優勝1回、国体優勝1回。

"ヒール"から"主役"へ　須江氏が推し進めたイメージ戦略

強豪校とはいえ監督が交代すると一時的に停滞期が訪れる高校もある中、右の成績を見ても、**須江氏率いる仙台育英の強さはアップデートされている。**また、2022年夏の優勝以降は、露出が増えたこともあり、高校野球ファンからは絶大なる人気を誇っている。そのため、仙台育英の試合内容や結果はもちろん、選手の成績なども注目を集める。2022年の優勝前のイメージはどちらかというと、不祥事などの影響で仙台育英はヒールのようなイメージを持たれていた。しかし、現在は大阪桐蔭などと並び、全国トップクラスの強豪校として、人気の高さもうかがえる。**その要因は、須江氏のコメント力の高さや仙台育英野球部全体が気品のある振る舞いをしているからだろう。**

★1　以下「夏」または「夏の甲子園」と表記。
★2　以下「センバツ」または「春の甲子園」と表記。
★3　2020年8月10日から8月17日まで、阪神甲子園球場で開催された試合。コロナ禍によって同年のセンバツが中止されたことを受け、センバツ出場が決まっていた高校全32校が招待された。

つまり、普段から実力はもちろんのこと、応援されるチームづくりも徹底されているのだ。

それを裏付けるのは、2017年に起きた不祥事に対する姿勢だ。この時須江氏は、ただ野球が強いだけではなく、「仙台育英野球部は地域の皆様から応援される存在であるべき」と考え、そのためには、どのように人間としてあるべきか、振る舞うべきか、という**「心の在り方」の部分を意識した。**

仙台育英躍進の陰には「参謀」の存在

須江氏の参謀役に、2022年4月から部長を務める**猿橋善宏《さるはしよしひろ》**氏がいる。須江氏よりも20以上年上の猿橋氏は、**かつて中学野球部監督としてカリスマ的な存在だった。**

猿橋氏は地域特性からくる性格も考慮している。東北の子たちは、関西や関東のようにガツガツしていないが、これをプラスに働かせるよう指導をする。「時間がゆっくり流れている分、一つひとつのことに根気強く、丁寧に取り組めるところ。地域の良さを活かしていったほうがいい」と、**東北らしく「考える野球」「知性の野球」を実践しており、須江氏はこれにも賛同している。**

また、須江氏が「中学生の勧誘、チームの強化、コーチ陣の育成、大学やプロに送り出すことを、ほぼ一人でやってきましたが、どうしても細かいところで抜け落ちてしまうところがありました。それを補ってもらえる方は、今は猿橋先生しかいません」と言うように、**監督の手が回らないところを猿橋氏がフォローしているのがわかる。**

須江氏の「野球におけるゲーム性」★4の考え方の源泉は、猿橋氏の教えによるものだ。猿橋氏のように、年上でありながら良い意味で時代に適応した**指導者を「参謀役」のようなかたちでベンチに置くことで、指導における「最適なバランス」を高めることができているのだろう。**

学生コーチだった須江監督

須江氏は高校時代、学生コーチを経験しており、2001年には春の甲子園で準優勝を経験するものの、それ以降はチーム内のコミュニケーションが上手くいかず、夏の甲子園は初戦敗退を喫した。**しかし、この経験がいま、選手とのコミュニケーションに活かされているのは間違いない。**

特に、高校時代はレギュラーではなかった。「(高校で)学生コーチになった理由は、野球が下手だったからです。絶対にレギュラーやベンチ入りできない部員の中から推薦されてなったんです。その学生コーチの時からですかね。『補欠魂』じゃないですけど、負けを自分のきっかけにしようと思いました」※と話すように、「人生は敗者復活戦」の源泉はこの時の原体験から来ているのだろう。

また、「なにか失敗したり、理想がだめだったりした時、人生が好転しはじめるんです」※とコメントをするように、**負けた後や失敗した後にどう動くかについての重要性**を語っており、**野球だけではなく人生そのものを高校野球で学んでほしい**と思っているようだ。直近では2023年の秋季

★4 「より遠くへ飛ばす」「よりヒットを打つ」ことにこだわらず、野球は「相手よりも得点を取るための陣地取りゲーム」だと認識すること。

大会では宮城県大会で敗退し、2024年のセンバツへの出場権を逃した。その際に、「いつもいつも勝てるわけじゃないですし。大体そんなもんで。ここの2年間、うまくいきすぎてますから。まあ、とても面白いですね。深みが出るじゃないですか。また、ここで頑張れば、夏に」[xi]とコメントをしており、**夏に向けたチームづくりをしているだろう。**

◎「公平感」と「役割」を与えるデータマネジメント

須江氏は選手個人のデータを取った上でマネジメントをしており、スパルタではない方法論で選手の能力を最大化している。現在は多くの高校がプロ野球の球団のように、細かいデータを取っているが、須江氏の場合は前職の秀光《しゅうこう》中等教育学校（現・秀光中学校）時代からデータ野球を取り入れており、**そのデータと感性を活かしながら、2014年に全国中学校軟式野球大会で優勝している。**

須江氏は、長期的な視点から年間計画を立ててチームづくりをしており、例えば、2019年秋から2020年夏の野手における年間計画が図1だ。須江氏自身は、行き当たりばったりになることが嫌いなため、計画性を持って組み立てていく。そうすることで、勝った時は「あの取り組みが良かった」、負けた時は「あの時期にもっとこれをやっておけば」と振り返り、次に繋げることができるのだ。しっかりと計画を立てながら、いい時でも悪い時でも前進しているのがわかる。

では実際に、2022年夏の甲子園で優勝した仙台育英は、どのようにデータを使っていたのだろうか。

まず、測定会を設けて「基礎力」を測った後、「実践力」を見極めるために部内リーグ戦を設けている。須江氏自身が情報科の教員で、**客観的な数値を把握するためにデータ分析の専門班をつくった。**このデータ班は、投手担当と野手担当に分かれて相手チームの映像をチェックし、配球の傾向や打者の特徴をまとめ、チーム全体で共有する役割を任されている。

加えて、**普段の練習からもデータを集めており、その情報はスプレッドシートで全選手と指導者に共有されている。**例えば、各投手の投球数や疲労度などを入力し、その数字をもとに週末の試合に投げさせるかを判断しているのだ。

また、**須江氏はチーム編成でもデータを重視している。**「基礎力」においては、試合に出場する目安は**バットのスイング速度140㎞／h以上、**打撃動作を省いた**一塁駆け抜けタイム3・**

【図1】2019年秋～2020年夏　須江氏の年間計画（野手）

年月	指導方針
2019年10月	打の強さは10月1日まで。精度にこだわる
2019年11月	センバツ濃厚から一気に打。打で押し切る神宮。体作りは大きさ＞速さ（体重増加）
2020年1月	打の底上げ（量＞質）。体作りは大きさ＞速さ
2020年2月	実践での打の適応確認（正確さへ）。体作りは大きさ＞速さ
2020年3月	走塁確認、定義・戦術・戦略確認。5対3で勝つ準備。進塁・被進塁にこだわる
2020年4月	打の強さを再確認へ（量の確保）。体作りは柔らかさ・大きさ・速さからの選択
2020年5月	出塁率＆打率へのこだわり
2020年7月	戦術戦略確認・準備。強打の選定・実行。R1（走者一塁）からの奪進塁、助進塁獲得

※『高校野球界の監督がここまで明かす！　打撃技術の極意』（大利実著、カンゼン）P83～85をもとに作成

85秒未満が求められる。そこで、年に数回行う測定会で打球速度や飛距離、送球の速さなどを測るのだ。このデータは選手にも公表され、練習メニューに反映されている。さらに、野手のタイプを「長打を狙える選手」「出塁率が高い選手」などの5つに分類し、計測データや練習試合の結果に基づいてメンバーを選考する。

こうした**定量的なデータを用いることによって、選手選考において不公平感がなくなり、選手に求められる役割は明確になる。**目的意識がはっきりすることによって、実戦における自分の役割を意識して練習することができるのだ。具体的には、図2のようなデータを取って、評価基準をつくっている。

図2のように具体的な目標を決め、選手の能力を最大化させるために、様々な角度から数値やデータを取っていることがわかる。さらに、このデータを取るために行うトレーニングは野球のプレーをする際に活かされることが前提としてあるため、今まで能力として可視化できなかった部分を数字に落とし込んでいるのだ。このように、データから選手の特徴を抽出し、いいところを伸ばしていく。一方、未達の部分である課題に向き合うことで、野球の実力はもちろんのこと、考え方も成長できる部分があるのだろう。

【図2】メンバー選考における選手の計測データと基準

◆脚力（スタート地点とゴール地点に光電管を設置し、タイムを測定）

30メートル走	トップレベル：3.8秒／目標：4.1秒
50メートル走	トップレベル：6.1秒／目標：6.5秒
一塁駆け抜け	トップレベル：3.60秒／目標：3.85秒
二塁打	トップレベル：7.10秒／目標：7.60秒
本塁打	トップレベル：14.40秒／目標：15.40秒
盗塁	トップレベル：3.05秒／目標：3.30秒

◆バッティング（900グラムの金属バットを使用）

スイングスピード	トップレベル：160キロ／目標：140キロ
打球速度	トップレベル：160キロ／目標：145キロ
ロングティー	トップレベル：80点／目標：60点

◆守備

球速	トップレベル：145キロ／目標：右140キロ、左135キロ
対角送球	トップレベル：1.50秒／目標：1.70秒

◆フィジカル（フルMAXの負荷に挑戦すると怪我のリスクがあるため、スクワット、ベンチプレスは「MAX換算」の計算方法を取る。体重によって重量が変わるため、目標数値はない）

スクワット	さまざまな動きの基本動作がスクワットにあると考え、日々のトレーニングでも重要視しているメニュー。
ベンチプレス	野手のみが行うメニュー。ベンチプレスをすることで、胸筋や肩周りの筋肉はつくが、可動域が狭くなるリスクがある。それにより「投力」が落ちるケースが多いため、日頃のトレーニングではさほど重視していない。
メディシンバック	トップレベル：20メートル／目標：17メートル 5キロのメディシンボールを、胸の前に頭から背後に投げ飛ばし、距離を計測。背筋を中心にした後面の筋肉が強い選手ほど、距離を出せる傾向がある。やりすぎると腰や背中を痛めることがあるので、量には注意が必要。
立ち三段跳び	トップレベル：9メートル／目標：8メートル その場から助走なしで、片足ずつ交互に跳んでいく三段跳び。地面から受けた反力を、次の動きにどれだけつなげているか、つまり「バネ」を持っているかを見る。

※『仙台育英 日本一からの招待』(須江航著、カンゼン)P101〜107をもとに作成

◉データを使い、選手達をどのように評価するか

また、須江氏は実戦を通してデータも取っている。これは、「**対応力**」や「**準備力**」をどこまで持っているかを判断しているようだ。

図3のようなデータを紅白戦や練習試合の数字を1試合ごとに集計しており、打者に関しては「年間で最低でも300打席以上」を紅白戦含めて与えている。また、前述のように部内リーグ戦も設けている。母数が多ければ多いほど確実性が高いデータが取れるからだろう。

評価の軸は野手①の「**打率+出塁率**」がベースになる。トーナメント戦で勝ち続けることを考えると、コンタクト力の高い方が確実に結果を残し、起用しやすいからである。2つ目に重視される評価の軸が野手②の「**打率+長打率**」である。細かいデータを普段の練習から実戦において活用していることがわかる。

【図3】須江氏の実践における選手評価方法

◆投手の総合評価方法

①ストライク率55パーセント以上（最低ライン）
　四死球率を3段階評価（1イニングに1つか、3イニングに1つか、9イニングに1つか）
②被打率
③奪三振率
④ケースごとの被打率（特に走者一塁、走者三塁）
　※②以降はストライク率をクリアしたピッチャーに限る

◆野手（打撃）の総合評価方法

①打率＋出塁率の数値
②①が並んだ場合は打率＋長打率を評価
③盗塁（突出した数字は代走枠の検討材料に）

※『仙台育英 日本一からの招待』（須江航著、カンゼン）P109-110をもとに作成

一方、須江氏は、データも大事にしている中で、**選手の「勝負強さ」や「集中力」といった定量化が難しい部分も評価基準に入れている。**そのため、データに偏りすぎず、人間的な魅力などの定性的な部分も重要視している。まさに**「データ」と「感性」の融合によって、チームづくり**が行われているのだ。須江氏は過去に中学軟式野球部でも指揮を執り、データを活用して日本一に輝いている。須江氏のこの方法論は、実績を見ても**アマチュア野球においては最も適切な指導法の一つ**といえるだろう。

トレンドをいち早く取り入れていた投手起用

采配面においても須江氏は毎年、時代に最適化した戦略をつくっている。**先発からリリーフまで任せられる投手を3人以上育成し、試合中におけ**

【図4】2019年夏の甲子園の投手陣

名前	試合数	投球回数	球数	奪三振数	防御率
大栄陽斗	4	17回	272	16	3.71
鈴木千寿	4	9回	181	9	7.00
笹倉世凪	4	6回2/3	112	4	4.05
伊藤樹	2	3回1/3	68	1	13.50

【図5】2021年センバツ投手陣

名前	試合数	投球回数	球数	奪三振数	防御率
伊藤樹	2	10回	163	13	3.60
吉野蓮	1	2回	37	0	4.50
松田隆之介	2	8回1/3	134	10	1.08
古川翼	2	4回2/3	76	2	3.86
渋谷翔	1	1回	27	0	18.00

【図6】2022年夏の甲子園投手陣

名前	試合数	投球回数	球数	奪三振数	防御率
古川翼	3	8回2/3	124	8	3.12
斎藤蓉	4	14回2/3	213	12	1.23
高橋煌稀	4	12回	188	8	0.75
仁田陽翔	2	4回	81	5	0.00
湯田統真	3	5回2/3	122	6	6.35

・古川
2回戦：2回　19球
3回戦：2回2/3　53球
準々決勝：4回　52球

・斎藤
2回戦：2/3　11球
3回戦：2回　31球
準々決勝：5回　71球
決勝：7回　100球

・高橋
2回戦：5回　60球
3回戦：3回　46球
準決勝：2回　37球
決勝：2回　45球

・仁田
2回戦：1回　20球
準決勝：3回　61球

・湯田
2回戦：1/3　7球
3回戦：1回1/3　31球
準決勝：4回　84球

【図7】2023年夏の甲子園投手陣

名前	試合数	投球回数	球数	奪三振数	防御率
湯田統真	6	25回1/3	412球	31	3.20
高橋煌稀	5	17回	286球	20	4.24
仁田陽翔	2	2回2/3	40球	0	0.00
田中優飛	3	7回	103球	4	5.14
武藤陽世	1	2回	44球	2	0.00

・湯田
1回戦：4回0/3　80球
2回戦：4回1/3　63球
3回戦：5回　85球
準々決勝：4回　51球
準決勝：4回　43球
決勝：4回　90球

・高橋
1回戦：4回　64球
2回戦：1回　7球
3回戦：4回　54球
準決勝：5回　82球
決勝：3回　79球

・仁田
1回戦：1回　11球
準々決勝：1回2/3　29球

・田中
2回戦：3回2/3　46球
準々決勝：1回1/3　33球
決勝：2回　24球

・武藤
準々決勝：2回　44球

る投手運用力は高校野球の中で頭抜けている。★5 2019年は、球数制限★6が導入される前にも関わらず、エース・大栄陽斗《おおさかえあきと》を中心とした4人体制を構築し、ベスト8にまで勝ち進んだ（図4）。2021年は春の甲子園で、古川翼と伊藤樹《たつき》の完封リレーで代木大和《しろきやまと》（現・読売ジャイアンツ）を擁《よう》する試合巧者の明徳義塾に勝利。その後も勝ち進みベスト8まで勝ち上がった（図5）。

さらに、2022年はエースの古川と斎藤蓉《よう》を軸に、当時2年生の高橋煌稀《こうき》、仁田陽翔《にたはると》、湯田統《とう》真《ま》といった5人の投手陣を上手く運用し、初優勝を成し遂げた。この年に関しては、メンバー外を含めると、14人もの選手が140km／h以上を投げられたようだ。投手が5人いる中で、1試合あたり100球を投げた投手は決勝の斎藤のみ。軸となる投手は古川、斎藤、高橋の3人だが、準決勝では古川と斎藤を温存し、万全な状態で決勝戦まで勝ち進み、決勝で初めて斎藤が100球投げた（図6）。

翌年の2023年も前年の優勝を経験した、世代トップクラスの高橋・湯田に加えてポテンシャルが高い仁田と、150km／hを記録している投手を3人揃えた。さらに、田中優飛《ゆうと》や武藤陽世《ようせい》といった合計5人のハイレベルな投手陣を擁し、準優勝に導いた（図7）。

★5 加えて、継投策に合わせて捕手を交代させる「継捕」も行っている。
★6 〝金農旋風〟を巻き起こした吉田輝星が、2018年夏の甲子園で5完投を含む881球を投げたことがきっかけで、投手生命を守るべく2020年のセンバツから導入された制度。「一人の投手の球数は1週間500球以内とする」などのルールが課されたが、充分でないとの批判も集める。

これまでも、投手を複数人運用する高校は多かったが、当時、仙台育英のように「球数制限」を意識した運用はほとんどなかった。そのことから、時代に合った投手陣を形成している点が非常に大きな話題にもなった。球数制限があり、酷暑が続く高校野球では、このようにショートスターター型の投手をいけるところまでいかせ、同じように短いイニングを投げられる投手を4～5人用意することが、現在のトレンドになっており、**須江氏はいち早く取り組んでいた**ことがわかる。

実際のところ、**2023年夏の甲子園を見ても、ベスト4に残った高校は継投策で勝ち進んでいる。**

◎悲願の「白河の関」越えを達成した投手継投論

述べてきたように、仙台育英の投手起用は、2019年から複数人の運用化が上手くいっており、投手育成に関しても文句なしの投手力をつくり上げている。球数制限が設けられる前から複数の投手を運用しているが、**ただ人数が多いだけではなく、全ての投手が140km／h以上を投げるなど水準以上の実力を持っていた。**

現在の高校野球では「**継投策**」**が大きなポイント**となり、投手起用もプロ野球よりユーティリティな起用が増えている。従来のリリーフやクローザー的な役割から、先発ながら短いイニングを投げるオープナー起用、複数イニングをまたぐストッパー起用、一人の選手が先発と中継ぎを両方こなす起用法など、その内容は多岐にわたる。

これを踏まえても、仙台育英はどの投手も先発からリリーフまで投げることができるため、トーナメント戦の中で、**状況によって運用を変えられる柔軟さもあった。**

2022年夏の甲子園は、5人の投手をベンチ入りさせ、投手陣一人あたりの球数を1試合につき多くて100球前後に制限した。これまでの高校野球の継投策は、エースと2番手が1試合ごとで交互に投げたり、1試合で2人の投手が投げることが主流だったが、仙台育英の投手起用が**画期的だったのは一人の投手が短いイニングを少ない球数で抑え、ブルペンデーのように次々に投手を代えていく継投策で夏の甲子園初優勝を果たしたことだ。**

多くの高校は、短いイニングですら試合をつくれずに投手を代えてしまう中、非常にバランス良く投げさせながら失点を防ぐ起用法を確立した。

強豪校が相手の場合、打線が一巡すると投手の球筋に合わせてくるが、**細かい継投によって相手打線の「慣れ」を防ぐこと**もできるのだ。

また、2022年夏の愛工大名電戦や決勝の下関国際戦のように、一人の投手の調子が良ければ長いイニングを投げさせるケースもあるなど、バリエーション豊かな起用法が、仙台育英にはあった。ここまで投手陣の育成から運用まで秀でている監督はなかなかいないだろう。多角的な視点を持ち合わせているからこそ、このような投手陣を毎年のように形成しているのではないだろうか。

ただ、この起用法にも欠点がある。それは、個の成長を促しづらい点である。投手が練習の時から、短いイニングと少ない球数を意識して投げることになるため、**長いイニングを投げることが困難になると懸念される。**さらに、もし仮に高校野球で短いイニングの起用が主流化すると、将来的に大学野球やプロ野球などで、**先発投手として長いイニングを投げられる投手が減る可能性もある。**

他のスポーツの例にはなるが、陸上競技の世界では箱根駅伝がフルマラソンよりも人気になったために、関東の大学の長距離走の選手は駅伝を念頭に置いて練習するようになった結果、フルマラソンで活躍できる選手がなかなか出てこなくなった、と一昔前はよく言われたが、野球でも同様のことが起こる可能性がある。

実際、先発から中継ぎ、抑えに回ると活躍するケースは多いが、**中継ぎや抑えから先発に転向するケースは少ない。**ショートイニングの起用は高校野球を勝ち抜く戦略としては有効かもしれないが、選手の将来性を潰すことになりかねない危険性を孕《はら》んでいる。そのため、バランスの取れた負荷をかけることが、課題となっているのだ。

バランスを意識した打線づくりと止まっているボールで練習させるワケ

野手に関しても、時代に合った育成や采配をしている。打線に関してはバランスを意識し、〝ツボ系〟と〝崩されても打てる系〟で各打者を分類している。采配について須江氏は「試合序盤は選手に任せながら、要所では自身でもエンドランなど仕掛けることが多い」とコメントしているように、**小回りが利く選手を並べつつ、長打力がある選手も起用している。**長打力のある選手をプロ野球の球団のように、作戦上の制約が少ない5番以降に置くことにより、劣勢の場面で一発逆転も狙える打線にしていることがわかる。

また、ベンチ入りする一つの基準として選手には**ユーティリティ性を求めており、大会中のアクシデントなどにも柔軟に対応できる体制づくりを心掛けている。**

練習では、**「止まっているボールを狙い通りに打てなければ、動いているボールも打てない」**という発想から、スタンドティーで「当て感」を磨くことを重要視している。この注意点は、スイングスピードを落とさずに打ち込むことである。冬の練習では、スケールアップを目指し、打球の飛距離や角度、速度の獲得を意識する。その後、実戦に向けてミートポイントの確認や振り出す準備も行う。**2024年の春から導入された低反発バット[★7]により、打撃戦術も変わっていくと予想**されるが、安定したコンタクト力を重視する仙台育英のように、役割を明確にし、練習方法も時代に適しながらアップデートするチームは上手く対応していきそうである。

実際、2022年夏の甲子園で、**チーム本塁打は決勝戦で出た1本のみで派手さはなかったもの**

★7　2024年センバツから導入されたバットは、従来より3ミリ細く最大径64ミリ未満になった。一方、打球が当たる部分の金属を1ミリ厚くすることで反発力を抑えたものとなっている。日本高校野球連盟による実験では、従来型のバットより打球の初速が約3・6%減少、反発性能も5〜9%減少した（https://jhbf.or.jp/topics/info/230329_1.html）。

の、繋ぎの意識が高い打撃陣はチーム打率.397を誇った。後述するが、このチームビルディングは、2024年春から始まった「低反発バット」導入後、各校が見習うべきだと思う。

加えて、**打線の中軸やセンターライン[★8]には2年生を置いて、中長期的なチームづくりを意識**しているように思えた。投手とは異なり、野手の場合は基本的にスタメンがあまり変わらないことから、中心選手を継続して出場させ、技術面はもちろん精神面も強くさせる意図が感じられた。

さらに、チーム全体の走塁意識は非常に高く、対戦相手の守備の状況によっては、次の塁を狙っていく場面が多々見られた。采配面を見ても、試合序盤はマイクロマネジメントをするのではなく、**伸び伸びとプレーをさせているのもわかる。**これは、選手のパフォーマンスを最大限にするために、邪魔しないことを意識している。それにより、選手達は義務感からくるものではなく、自立したプレーを磨いているのだろう。

このように、データはもちろんのこと、時代に即したかたちでチームをマネジメントしていれば、今後の変化に上手く対応できそうである。これまで述べてきたように、須江氏は常に数字やデータを見た上で、客観的な角度からチームづくりをしている。

リーダーこそアップデートし続ける必要がある

野球に限らず生きていく上で変化は常に伴う。そんな中、時代やルール、トレンドに合わせながら、チームの色をつけることにより、どの時代でも勝てるチームができる。これが理想的なアプローチだろう。

須江氏の選手のマネジメントや育成、采配などを分析すると、時代に最適化されたものと感じる。**従来の高校野球の指導者のイメージ像がアップデートされているのだ。**

選手に対して高圧的な態度をしないなどはもちろんのこと、「勝利至上主義」ではなく**「勝利主義」**を大事にしている。「勝利だけを目指すのではなく、勝利という成果に真剣に向き合うことが、〝勝ちの価値〟を高めることになり、人間的な成長にもつながっていく[xii]」と著書にも書かれている。この指導法は、勝負ごとにおいて選手達が高校野球をしている期間だけではなく、長い人生において成長していってほしいという意図が感じられた。

また、**「なぜ、勝てたのか」「なぜ、上手くいったのか」を自分の中で振り返り、成功体験を積み重ねていくことが学校教育で育むべき能力**だと著書に記載されている。

意外にも須江氏は、試合の勝敗に関係なくＸ（旧Ｔｗｉｔｔｅｒ）に投稿された一般の高校野球ファンの意見を参考にしているのだという。このように、ＳＮＳを活用することや、第三者の俯瞰的な視点を取り入れる柔軟さがあることがわかる。ＳＮＳを活用するといっても、一般的には元プロ野球選手が配信しているＹｏｕＴｕｂｅを参考にしている学生野球の指導者が多い中で、**Ｘ**

★8　捕手、投手、遊撃手、二塁手、中堅手のこと。

などで一般人が仙台育英の試合内容を総評している投稿を参考にすることは、非常に珍しいパターンといっていいだろう。これも、須江氏の謙虚な人柄からくるものと推測している。

現代は、SNSを含めて口コミや第三者の意見が気軽に見られる時代である。その時代に適応し、**第三者の立場からものごとを俯瞰的に見ることにより、チームの弱点を改善している**に違いない。さらに、このことを自身の著書に記載することにより、高校野球ファンが「自分の投稿をあの須江監督に見てもらっている可能性がある」と思うことで、応援されるチームとしてのブランディングにも繋がっているだろう。

◉低反発バット導入後のチームづくりは仙台育英に学べ

近年、仙台育英は順風満帆といえる躍動ぶりだが、その中で**2023年は課題も見られた**。それは、**追いかけられるプレッシャーへの対応とディフェンス力**である。仙台育英は2022年夏の優勝から大きな注目を浴びているが、2023年の世代も、明治神宮野球大会ベスト4[★9]、センバツベスト8、夏の甲子園準優勝、国体優勝と[★10]、4つの主要大会で上位まで勝ち進み、国体では慶応にリベンジをして優勝しているが、やはり一番注目度が高い夏の甲子園で連覇したかったところである。追いかけられるプレッシャーもあり、夏の甲子園では守備のミスが多く見受けられた。

実際のところ、2000年以降の春夏の甲子園優勝校を見ても、失策数は2000年の智弁和歌山を除いた全ての高校が1桁を記録している(図8)。そのため、夏の甲子園の**覇権をとるには、**

打力に優れているだけでなく、安定したディフェンス力も兼ね備えなければならない。

優勝した2022年夏のチーム失策数はわずか3つに対し、2023年夏は11個の失策を記録した。ただ、このデータもすでに須江氏の頭の中に入っており、研究されていた投手陣はもちろんのこと、ディフェンス力を大会中に上手くカバーし、準優勝まで押し上げたリカバリー力はさすがの一言だ。

また、2024年の春から低反発バットが導入されたが、戦術に大きな影響を与えると予想される。長打が出づらくなることに伴い、現在よりもスモールベースボールを掲げるチームが増えると見ている。それは、今まで以上にミスをしない野球が勝利に結びつくということである。

2022年夏、準決勝までホームランなしだったが、長短打を繋ぎ、ミスを最小限にすることで勝ち進んだ時の**仙台育英は、低反発バット導入後のいま、参考にすべきチームだろう。**

★9　直前に開催される全国の地方大会で優勝した10チームによるトーナメント戦。優勝すると、その高校が所属している地区は、翌年のセンバツの出場枠（神宮大会枠）を1つ多く獲得できる。

★10　国民体育大会高等学校野球競技。毎年10月に開催され、直前に行われた夏の甲子園の成績をもとに8校が選出される。3年生も出場するため、夏を沸かせた選手達が見られる。2024年からは「国民スポーツ大会」に名称変更。

【図8】甲子園優勝校　失策数（2000年春〜2024年春）

年	優勝校	失策数
2000年春	東海大相模	3
2000年夏	智弁和歌山	13
2001年春	常総学院	2
2001年夏	日大三	4
2002年春	報徳学園	5
2002年夏	明徳義塾	4
2003年春	広陵	6
2003年夏	常総学院	2
2004年春	済美	6
2004年夏	駒大苫小牧	1
2005年春	愛工大名電	6
2005年夏	駒大苫小牧	2
2006年春	横浜	5
2006年夏	早稲田実	7
2007年春	常葉菊川	7
2007年夏	佐賀北	4
2008年春	沖縄尚学	3
2008年夏	大阪桐蔭	2
2009年春	清峰	4
2009年夏	中京大中京	5
2010年春	興南	6
2010年夏	興南	4
2011年春	東海大相模	1
2011年夏	日大三	2
2012年春	大阪桐蔭	6
2012年夏	大阪桐蔭	6
2013年春	浦和学院	1
2013年夏	前橋育英	7
2014年春	龍谷大平安	3
2014年夏	大阪桐蔭	5
2015年春	敦賀気比	6
2015年夏	東海大相模	5
2016年春	智弁学園	4
2016年夏	作新学院	2
2017年春	大阪桐蔭	3
2017年夏	花咲徳栄	6
2018年春	大阪桐蔭	3
2018年夏	大阪桐蔭	4
2019年春	東邦	2
2019年夏	履正社	1
2021年春	東海大相模	1
2021年夏	智弁和歌山	2
2022年春	大阪桐蔭	5
2022年夏	**仙台育英**	**3**
2023年春	山梨学院	3
2023年夏	慶応	6
2024年春	健大高崎	5

※「週刊ベースボール別冊若葉号」各年の選抜高校野球大会総決算号、「週刊ベースボール増刊」各年の全国高校野球選手権大会総決算号掲載データをもとに作成

※2020年は新型コロナウイルス感染拡大防止により交流試合のみの開催となったため未掲載

劣勢を覆した勝利への嗅覚

2023年においても、仙台育英が試合巧者ぶりを発揮したゲームがある。具体的には、同年夏の甲子園での履正社戦だ。試合は序盤から動いた。

2回に仙台育英が鈴木拓斗のツーランホームランで先制すると、履正社は2本のタイムリーですぐさま追いつく。さらに、3回には仙台育英の山田脩也《しゅうや》（現・阪神タイガース）がまさかのエラーで履正社に勝ち越される。仙台育英は、3回だけで失策が3つ記録されたが、2回の履正社のタイムリーが出た際も、難しい打球とはいえ斎藤陽《ひなた》が捕り損ねるなど、序盤は仙台育英らしくない守備のミスが目立った。

しかし、リードされた仙台育英は、4回に二死から連打と四球でチャンスをつくると、この大会で当たっている橋本航河のタイムリーで追いつく。序盤はシーソーゲームだったが、5回から7回までは互いに譲らない展開になった。両校は持ち前の投手力を活かすために、仙台育英は6回から高橋にスイッチし、履正社は大阪大会決勝で大阪桐蔭を完封した福田幸之介《こうのすけ》（現・中日ドラゴンズ）が7回途中からマウンドに上がった。

このように、中盤は両校の凌《しの》ぎ合いだったが、8回に試合が動く。仙台育英は、湯浅桜翼《おうすけ》が福田からツーベースを放ち、出塁すると、4番の斎藤陽が送りバント、5番の尾形樹人《みきと》がスクイズを決めて勝ち越した。尾形は「（八回の）攻撃前に監督から『こういう試合はスクイズとかが流れを変える』といわれました」[xiii]と決勝スクイズをコメントした。**この場面では、難しいことをせずに、得点圏にランナーが進んだらシンプルな采配で均衡を破るかたちになった。**

逆に履正社は、8回と9回にランナーを出すものの、チャンスをものにできずに1点が遠い試合になった。仙台育英からすると、2番手の高橋がマウンドにいる間に勝ち越さないと履正社が有利な展開になっていただろう。**タイブレーク**[★11]**には絶対にしたくなかったため、終盤の勝負どころでセオリー通りのバント2つで勝ち越したのは、監督である須江氏の勝利への嗅覚が光ったといってもいい。**履正社側は、仙台育英はヒッティングでくると読んでいたと推測される。しかし、実際はバント策を講じ、強豪校との対戦で培ってきた須江氏の采配が一枚上回るかたちになった。

●「面白い野球」への期待

低反発バットが導入されると、バントが全体的に増加しそうだが、須江氏が掲げている**「面白い野球」でまた改革を起こしてくれそうだ。**その裏付けとしては、過去に球数制限のハードルを難なく越え、「面白い野球」を実践して優勝したことがある。例えば、攻撃時の采配はバントだけではなく、打者の特性や能力によっては、進塁打を狙うケースもあるだろう。なぜなら、高校野球においてバントのゴロとヒッティングのゴロでは、処理する難易度が異なり、ヒッティングのゴロの方がエラーを誘う確率は高まるからだ。

また、ランナーがいる場面でのバント処理は、基本練習として取り入れている高校が多い中、ヒッティングのゴロに関しては、一、二塁間の打球のため、一塁手と二塁手どちらが捕るのかという点や打球の速さ、バウンドの影響など不確定要素に左右されやすい。そのため、一概に練習で打球処理を身に付けたといっても、守備のミスをする確率は高いだろう。とはいえ、攻撃側からすると、一歩間違えれば併殺打になるため、こちらも非常に難易度が高い戦略になる。**ただ、須江氏のマネジメントや育成方針を見ると、このような作戦においても選手達は再現性高くプレーをすると考えられる。**

投手に関しては、低反発バット導入後は、長打を浴びる機会が減ると予想されるが、全くなくなるというわけではない。そのため、**基本路線の外角攻めが多くなるだろう。**また、2023年に先発で起用されていた湯田が投げていたような、速い変化球を投げる投手を複数人育成できれば、投手王国が出来上がると考えている。

須江氏に加えて、**元プロ野球選手の佐藤洋《ひろし》氏率いるライバル東北高校も、**★12**2023年のセンバツ初戦ではノーサインで試合に挑んだ。**結果的には敗れたものの「戦略的に考えると、あの場面で

★11　延長戦の早期決着を促すために導入された制度。2023年以降10回からはタイブレークになり、無死一、二塁からイニングが開始される。

★12　ダルビッシュ有（現サンディエゴ・パドレス）や佐々木主浩（元シアトル・マリナーズ）を輩出した宮城県の名門校。甲子園での最高成績は準優勝。

『なぜ送らないのか』と指摘されるかもしれないが、選手が自主的に判断して、大きく成長しようというのがうちの野球。選手達は試合中に、投手を攻略するためにみんなで話し合っていたし、いつもの東北の野球はできたと思う」[XIV]と佐藤氏はコメントを残し、新時代の高校野球を予期させた。

このように、県内のライバル校も時代に適応しながら、成長していることがわかる。**同じエリア内で切磋琢磨《せっさたくま》しながら、宮城県の高校野球のレベルが向上していくことだろう。**

ポイントひとつかみ

須江監督がやること・やらないこと

やること：評価基準を数値化して選考に公平感を与える

やらないこと：試合中のマイクロマネジメント

【まとめコラム】

須江監督と仙台育英のこれから

須江氏が監督に就任してから、仙台育英はハイペースで勝利数を積み重ねている。須江氏は勉強することに貪欲であり、勝つための戦略だけではなく、野球から学べることまで、様々な指導者から吸収している。部長を務める猿橋氏から学ぶのはもちろんのこと、**大阪桐蔭にも自らアポイントメントを取り、学びに行っているぐらいだ。**また、中学野球を指揮した際の成功体験に基づきながらも、高校野球との違いを理解したマネジメントで、選手とチームの能力を最大化している。**須江氏はデータ管理のイメージが非常に強いが、感性とのバランスも取れている監督で、定量的なデータに基づいた指導と、定性的な部分に着目した指導を上手く組み合わせている。**選手の自主性を受け入れており、試合序盤は細かいサインを出さずに選手に任せる場面も見受けられる。その結果、選手達が伸び伸びとプレーし、最高の結果に結びつくのだろう。育成や采配以外にも、試合後のインタビューで人柄の良さを感じさせる名言が多くあり、**今後も令和の名将として歩んでいくことは間違いない。**

"最強"の名をほしいままにする 大阪桐蔭・西谷浩一のリクルーティング力と巨大戦力の活かし方

現代の高校野球において、常にトップクラスの強さを見せており、「勝者のメンタリティ」を兼ね備えているのが西谷浩一氏率いる大阪桐蔭だ。 西谷氏は甲子園で、非常に高い成績を収めている。★13

前任者と西谷氏が率いた大阪桐蔭の甲子園成績だ。

・長沢和雄氏就任時：7勝1敗、春の甲子園に1回、夏の甲子園には1回出場。夏優勝1回。
・西谷浩一氏就任時：69勝14敗、春の甲子園に13回（交流試合含む）、夏の甲子園には10回出場。春優勝4回、夏優勝4回、国体優勝4回、明治神宮野球大会優勝2回。

「個」を伸ばすためならいったんチームワークを捨てろ

一人の選手が数年から十数年と長く続けるプロ野球とは違い、3年間で選手が丸ごと入れ替わり、世代ごとに選手の能力や個性が違う高校野球において、**10年以上結果を残し続けることは、かなり稀有《けう》なことである。** 大阪桐蔭は、どの世代も「勝って当たり前」と見られる中、毎年のように結果を出すチームをつくり上げる西谷氏の手腕も光る。

西谷氏の凄さの一つは、選手のモチベーション管理を含めたマネジメント能力だ。戦力的に充実している年が多いため、大阪桐蔭は「優勝して当たり前」と見られがちだが、優勝校に相応《ふさわ》しい練習量を誇っており、OBの西岡剛《つよし》（元・阪神タイガース）や森友哉《ともや》（現オリックス・バファローズ）は**「日本一の練習量」**[XV]とコメントしている。これは、高校野球の強豪校に限らず企業などでも同様だろう。業界全体、社会全体の中でトップに立ち責務を果たしていくには、こうした厳しい、ハードルの高い環境に身を置くことが一つの有効なルートでもある。

また、チームビルディングの面では、個とチームのバランスを考えている。**西谷式マネジメントの根幹は、圧倒的な「個」の力と団結力だ。**

「個の結集がチームじゃないですか。小さな粒が集まったら、こぢんまりしたチームにしかならないので、いかに一人を大きくできるかということです。野球は団体スポーツですけど、個別性が高いのが特徴です。なぜなら、絶対にみんなに打席が回るからです。個別性が高い競技であるので、チームワークと個性の両方の要素を持っていないといけない。オフなどの個を高める時期に、みんなが同じ練習をしているようではいけないということです[XVI]」と話すように、大きな個の力を上手くまとめてチーム力に昇華させるよう意識している。

ビジネスの現場において優秀なマネージャーであっても、個とチームの力をバランスよく伸ばせ

★13　監督別の甲子園の優勝回数・通算勝利数ともに歴代1位（P2）。

る人は少数派であるように、非常に難易度の高いマネジメントをしている西谷氏だが、**個を高める時期はチームワークを捨てる意識を選手に持たせている。**

「他のやつが何をやっていても放っておけ、個を高めている時期はチームワークが悪くなっていいくらいに思っている」[XVII]と西谷氏は言う。

そして、個を高める時期が終わったら「これまでは個人練習をメインにやって来たけど、きょうからはチームとしてやる。だから、結果としてメンバー（から）外れてしまったらやる気をなくすとか、自分が控えに回って納得がいかないと思う選手がいるなら、きょうからグラウンドに入らんといてくれ。皆の目標が日本一という中、どうチームとして絡みあっていくかが大事になる。だから、先発したいと思っても自分がそうなるとは限らない。今の時点で控えになるのが嫌なら、グラウンドに来んといてくれ」[XVIII]と厳しい言葉をメンバーに伝える。

チームづくりの大前提として、**最大限に個を高める時期が終わってから、その後に個と組織を融合させる**のだ。このチームビルディングができるからこそ、毎年のようにトップクラスの「強いチーム」をつくり上げている。

◉豊富な勝ちパターンで常勝が可能になる

大阪桐蔭は、派手さがある年とない年がある中で、チームとしての「勝ちパターン」も豊富だ。様々なチームカラーで優勝しているからこそ、これまで複数回の優勝を達成できている。**その豊富**

な勝ちパターンを支える要因は、一貫した戦略や選手の運用力だ。

　優勝した年には高確率で「掘り出し物」の選手や「ラッキーボーイ」の存在がいる（P230）。チーム内で比較的目立つ主役と脇役のバランス感覚が絶妙で、他の監督には届かない領域に達している。さらに、**「大阪桐蔭」といったネームバリュー、ブランド力もあると、初戦の序盤や試合終盤に相手にプレッシャーがかかり萎縮し、ミスを誘えることもある。**

タレント不在でも優勝した2014年

　さらに、**采配面を見ても試合運びの上手さも西谷監督の強みの一つ。**具体的には、2014年のチームが非常にわかりやすい。この年の大阪桐蔭は、その他の優勝した年とは違い「圧倒的な強さ」はなく、新チーム発足直後の2013年秋季大阪大会ではライバルの履正社を相手に13対1のコールド負けの屈辱を喫している。ただ、秋季大会終了後に選手を成長させ、**勝ち方のバリエーションを増やしていくことで「試合巧者」としてチームが洗練されていった。**その結果が出たのが、夏の甲子園の準々決勝、準決勝、決勝である。

　準々決勝では「機動破壊」でお馴染みの健大高崎相手に、相手の機動力を徹底的に無視した。この試合で4盗塁を許す代わりに、投手は打者との対戦に集中したのである。完投した福島孝輔は、「足は無視。アウトを取ることに専念した」[XIX]とコメント。それによって、**無駄なクイックが減り、球威や球速が落ちることなく、健大高崎を2点に抑えた。**

準決勝は、敦賀気比《つるがけひ》と壮絶な打ち合いになった。先発の福島は1回表に5点を失ったが、その裏、打撃陣が敦賀気比の2年生エース平沼翔太（現・埼玉西武ライオンズ）から得点を積み重ねて2回に追いつく。その後、3回表には突き放されるも、4回裏には逆転に成功。結果的に15―9で大阪桐蔭は勝利した。5戦で合計77安打を記録していた敦賀気比に対して、**前戦とは一転、打撃戦で真正面からぶつかった結果、勝利して決勝に進んだ。**

決勝の三重高校との試合は、全体を通して三重のペースで進んでいた。2回に2点を先制された大阪桐蔭は、3回に追いつくが、5回に勝ち越される。ターニングポイントは7回だ。三重は一死三塁のチャンスでスクイズを失敗し、追加点が取れずに終わる。その裏の大阪桐蔭は、2つの四死球とヒットで二死満塁のチャンスをつくり、主将の中村誠がしぶとくセンター前に勝ち越しタイムリーを放ち逆転に成功。**9回表も福島が一死一、二塁のピンチを背負ったが、後続を抑えて夏を制した。**

「今年は圧倒する力はないですけれど、子どもたちは夏に日本一になるためにどこの学校よりも練習してきたつもり」と西谷氏がコメントしたように、「粘りに粘る野球」が、最高のかたちで完結した。この年の夏の戦い方は、選手の成長はもちろん、**西谷氏の監督としてのマネジメント力、育成力の集大成**だったともいえる。

「最強世代」を支えたデータ班

2018年の大阪桐蔭は、「最強」と呼ばれたタレント軍団だったが、**その陰にデータ分析のスペシャリストの貢献があったことは見逃せない。** 小谷優《ゆ》宇《う》記録員と石田寿也コーチが相手のビデオ映像を見てデータを作成し、チームに秘策を授け続けたのだ。

夏の甲子園決勝前、金足《かなあし》農業の吉田輝星《こうせい》（現オリックス・バファローズ）に対し、一夜漬けで小谷・石田コンビは、徹底的に分析をした。「立ち上がりの制球が不安定で、ボールが先行すると直球でストライクを取りにくる」[XXI]というデータを得た両氏。**そのため、打者は初球に手を出さず、好球を待つことを徹底した。** 実際、初回に四球と安打で満塁にし、吉田の暴投で先制すると6番・石川瑞貴《みずき》はフルカウントから147km/hの直球を2点タイムリーツーベースにした。西谷氏も「朝のミーティングで話していたデータ通り」[XXII]とコメント。このコンビの貢献もあり、大阪桐蔭は2度目の春夏連覇を果たした。

当時、高校野球において本格的なデータ班を設けている高校は少なかったが、大阪桐蔭の強さの裏にはデータの存在があった。 強さを支えるデータ班は非常に優秀で、2022年夏の甲子園前には、「下関国際は手強い」という分析結果を出した（実際に、下関国際に敗北を喫することになる）。

高校生ながらも、味方から対戦相手まで、一人ひとりがデータを活かしながら俯瞰的に見られることは非常に大きい。数字が全てとはいわないが、定量的にものごとを判断できるのも強さの秘訣だろう。また、大阪桐蔭の場合はデータだけではなく、現場のプレーとの共創もできており、**仙台育英同様、データと感覚のバランスがいいチームである。**その結果、どの世代も各大会で上位に勝ち進める安定感があるのだろう。

◎チームに根付く「勝者のメンタリティ」

直近の大阪桐蔭の夏の大阪大会を見ていくと、2010年代の10年間のうち8年は準々決勝より上に進出している。2020年代も2023年まで全て準決勝より上に駒を進めている。[★14] **さらに、2015〜2024年は、履正社という大阪府のライバルが存在しながらも10年間で甲子園に出られなかった年は2019年のみ（同年夏の甲子園優勝校は履正社。2020年は新型コロナウイルスの影響で春夏中止）。**

このように、大阪桐蔭は、どの世代でも夏の甲子園に向けてチームを洗練させてくるのである。

唯一、このチームの**難点があるとすれば、球場の雰囲気が大阪桐蔭の対戦相手に応援が集中してしまうこと**だろう。大阪桐蔭は「常勝チーム」であるが故に、相手チームに少しでもチャンスがあれば「あの大阪桐蔭に勝てるチームが現れるかもしれない」という期待感から、対戦相手への応援が増し、一気にアウェイのムードになる時がある。2022年夏の甲子園での下関国際戦や2023年センバツの報徳学園戦は、まさにそうしたアウェイのムードの中で選手達に強烈なプレッシャーがかかっているように見えた。

そんな大阪桐蔭が今後さらに強くなる鍵があるとすれば、ビハインド時にアウェイな雰囲気を押し切ることができるかだろう。**ただ、プレッシャーをはね返す力は絶対にある。具体的には、2012年のチームだ。**当時、甲子園の観客も、大阪桐蔭が凄すぎるが故に、静かに見守るしかない、といった様子だった。藤浪晋太郎（現ニューヨーク・メッツ傘下3Aシラキュース）と森友哉のバッテリーを中心としたチームビルディングで、春夏連覇と国体を制覇した。**特に藤浪と森のプレーを見ると、高校生に交ざってプロ野球選手がプレーしているようにも見えた。**

さらに、2018年のチームは、中心の3年生のほとんどが2年生の時から注目されていた。彼らが2年生の年は、センバツ優勝を果たし、国体も準優勝になっている。3年生になった年は、二刀流で甲子園を沸かせた根尾昂《あきら》（現・中日ドラゴンズ）や4番打者として活躍した藤原恭大《きょうた》（現・千葉ロッテマリーンズ）がチームの中心となり「**最強世代**」と呼ばれた。

この年も盤石な体制で優勝をしたが、**この世代はプロ入り選手がなんと4人。**根尾、藤原に加え、投手の柿木蓮（現・北海道日本ハムファイターズ）と横川凱《かい》（現・読売ジャイアンツ）もドラフト指名され、U―18★15日本代表にも、柿木、根尾、藤原と捕手小泉航平、三塁手中川卓也の5人が選出された。他にも、プロ入りをせずに進学した選手達も活躍しているのを見ると、「最強世代」の名前に

★14　2020年ベスト4。2021、2022年優勝。2023年準優勝。
★15　WBSC U―18ベースボールワールドカップ。18歳以下の選手達による世界大会。

相応しいチームだったことがわかる。

この世代は、前年の夏の甲子園3回戦で、仙台育英を相手に9回二死から逆転負けを喫した悔しさを翌年に晴らした。また、ビハインドの場面を迎えても必ず追いつき逆転する姿が印象的だった。選手の能力はもちろんのこと、**西谷氏とピンチにおける選手の冷静さはまさに「勝者のメンタリティ」を体現していた**のではないだろうか。どの高校よりも勝利しながら、選手マネジメントや戦略性も高いことを見ると、大阪桐蔭が常勝チームたる所以《ゆえん》がわかる。

実際、2018年の大阪桐蔭は個人の力のみならず、選手マネジメントも申し分がなかった。センバツ後の4月から5月に行われた春季大阪大会では、怪我やコンディションに配慮して、エースの柿木や4番の藤原をベンチ外にしながらも大会を制する。続く春季近畿地区大会では藤原が復帰したものの、柿木と宮崎仁斗《じんと》抜きでこの年のセンバツ決勝で対戦した智弁和歌山を下して優勝した。ちなみにセンバツから試合に出続けていたのは、中川・根尾・山田健太・青地斗舞《とうま》の4人のみ。**主力以外も起用しながら、春季大会を勝ち抜いた。**この時点で、選手層が厚く主将・中川を中心にチームとしての完成度は相当高かった。その完成度の高さから、当時の日本高野連・八田英二会長も「最強王者」とコメントするほどだった。

スポーツに限らず、ネガティブよりもポジティブなメンタリティの方が、良い結果に結びつきやすいのは事実だ。技術や実力が拮抗《きっこう》する中で、**いかに「自分（達）が一番」という思考や、劣勢の場面でもまわりにポジティブに働きかけられるかどうかが極めて重要である。**高校野球ファンはもちろんのこと、他校の選手からも、「（大阪桐蔭は）夏の大会までには合わせてくるだろう」という期待感が少なからずあるのではないだろうか。大一番や勝負どころの大会、試合に合わせてくる力や伝統、文化、意識を見ても、トップそのものである。

「個の強さ」と「チームの強さ」を両立させた2012年

一発勝負の甲子園に勝ち続けるチームをつくるためには、個の選手の能力に左右されず、トーナメント戦を勝ち抜く戦略など高校野球ならではの最適解が必要となる。10年以上高校野球のトップを走り続けている大阪桐蔭は、**2013年以降（強打の正捕手、森友哉が3年生だった世代以降）は、甲子園に勝つための最適解を持ち始めた**といえるだろう。これが、長い目で見た場合、正解なのか不正解なのか白黒をつけるのはナンセンスだ。ビジネスの場面でも、経営者や個人として大成する人とサラリーマンで出世しながら大成する人は、全く別の土俵だ。つまり、高校野球で勝つための指導がプロ野球で活躍することに繋がらないということは、当たり前である。

一番理想的なのは、藤浪や森がいた2012年の世代のように、高校野球で勝つために練習をした結果、甲子園春夏連覇を果たし、選手がプロ野球でも活躍することだ。この藤浪と森は、**21世紀の高校野球における最強投手と最強打者**だったのは間違いない。

藤浪は、２０１２年のセンバツでは粗削りなピッチングだったため、先制点を与える場面はあったが、夏の甲子園では驚異の大会通算で奪三振49、防御率０・50を記録。内容を見ても準々決勝から徐々に調子を上げていき、**準決勝の明徳義塾戦と決勝の光星学院（現・八戸学院光星）戦で完封し、春夏連覇に導いた。**

準決勝で対戦した名将・馬淵氏が、「藤浪君は球威があった。かき回すにも、塁に出られなかった」[xxiii]と白旗を揚げるほどだった。

さらに、決勝の光星学院では、準決勝までのチーム22打点のうち17打点を稼いだ田村龍弘（現・千葉ロッテマリーンズ）と北條史也《ふみや》を相手に、藤浪は２つの三振を奪うなど８打数１安打に抑えた。連戦の疲れが見え始めるはずの最終回に、自己最速タイの１５３㎞／ｈを記録。最終的には、14奪三振２安打完封勝利で春夏連覇を飾る。藤浪は春から成長を遂げて、この甲子園では圧巻のピッチングを見せた。**ストレートはもちろんのこと、変化球も高校生離れしており、プロ入りから３年連続で２桁勝利を記録するのも頷《うなず》ける内容だった。**

森は、１年秋から正捕手として出場しており、秋季大会では打率．５７１、３本塁打、10打点を記録し、脅威の打率５割超えをマーク。さらに、２年生時と３年生時を合わせた甲子園の通算成績は、打率．４７３、５本塁打、11打点。U―18にも２年生から選ばれており、２年生の時は、打率．３２３、１本塁打、２打点。３年生の時は、打率．４０６、１本塁打、15打点を記録した。

西谷氏いわく、そのバットコントロールは「コーチ時代から含めると、大阪桐蔭で指導して20年になりますが、とらえる能力は間違いなく歴代ナンバーワンです」[XXIV]とのこと。大阪桐蔭といえば中村剛也《たけや》（現・埼玉西武ライオンズ）や西岡剛、平田良介（元・中日ドラゴンズ）、中田翔（現・中日ドラゴンズ）などの錚々《そうそう》たる野手を輩出しているが、それらの選手と比較しても森が上とコメントしている。

私が目視していて感じる森の凄さは、**高校時代からプロ入り後の現在までほとんどフォームが変わらないまま、プロ野球選手の中でもトップクラスの成績を残している点だ。**多くの選手は、プロ入り後にフォームをプロ仕様に変えるが、森の場合は高校時代には既に自分のフォームが完成していたといっていいだろう。

森が打席に立った後、後続の打者に相手投手のボールについて共有をするも、それは「あてにならない」と、大阪桐蔭の同僚が発言するほど、高校生離れした選球眼も兼ね備えていたため、高校生時点でプロ級だったと言っても過言ではない。

●チームづくりの方針を変えるきっかけとなった〝ある後悔〟

また、このことの裏を返せば、**2012年までの大阪桐蔭は、チームとしては粗削りではあったものの、個々の選手のタレント性が強かったともいえる。**その時代にプレーした中村剛也や西岡剛、平田良介、中田翔、浅村栄斗《ひでと》（現・東北楽天ゴールデンイーグルス）、藤浪晋太郎、森友哉といった卒業生は、プロ野球でもタイトルを獲得し、チームの主力としていまも活躍する。**特に2012年はチームとしても勝てて、個としても強い理想的なチームだった。**

特徴的なのは、いま名前を挙げた選手達は、プレッシャーのかかる短期決戦で高いパフォーマンスを残していることだ。特に、これまでの国際大会や日米野球を通して見てみると、高校野球で結果を残した大阪桐蔭出身の選手は、優れた成績を残している選手が多い。

一方、森以降、大阪桐蔭の卒業生でプロで活躍している選手はいないに等しい。これは、育成や戦い方をはじめ起用の方針が変わったからだろう。夏に優勝を果たした2014年の世代には、香月《かつき》一也（元・広島東洋カープ）・福田光輝《こうき》（現・北海道日本ハムファイターズ）（現オリックス・バファローズ）・正随《しょうずい》優弥（元・広島東洋カープ）・福田光輝（現・北海道日本ハムファイターズ）がいたが、プロ入り後はレギュラー獲得までには至っていない。

また、「最強世代」と呼ばれた2018年は、二刀流の根尾昂や藤原恭大、柿木蓮、横川凱といった選手を擁し、春連覇と春夏連覇を達成。しかし、この世代もプロ野球で活躍している選手は2024年4月時点でいまだ台頭してきていない。

これは、チームとしての勝ちを優先するか、選手の将来を優先するかで、チームビルディングや育成方針が変わってくるためであろう。実際、平田や辻内崇伸《たかのぶ》（元・読売ジャイアンツ）、中田などプロ入りした選手が複数人いた**2005年のチームにはタレント性はあったが、優勝は逃している。**またそれ以前では中村や岩田稔（元・阪神タイガース）がいた2001年も結果を残すことができず、西谷氏は「あの時の夏の大会を勝たせてやれなかったのが、今までの中で一番の後悔として残っています。みんな一番練習したくらいの学年で大阪大会の決勝戦では0対5から最終回に追いついて、延長にもつれ込んだ試合でした。それなのに最後は競り負けた。監督として、なんと力がないのか。これだけ子供たちが頑張っているのに、導いてやれない監督の力不足を痛感しました[XXV]」と話している。

こうした実力のある選手達を優勝させることができなかった後悔が、大阪桐蔭の隙のないチームビルディングや戦略の礎になっていることは確かであろう。その積み重ねが、２０１３年以降の結果や選手育成、戦略の洗練具合に繋がったのだろうが、その影響か野手も投手も似たような選手が増えてきた。

具体的に、２０２１年以降の選手達の打撃フォームは、足の上げ方やボールの見送り方まで同じようになり、投手には、外角に精度の高い球を投げ切れるまとまりのある選手が増え、辻内や藤浪のような粗削りな本格派の選手は減っていった。「完成されているなんてことはありません。僕らの目標は甲子園で勝つことであってプロ野球選手を育てることではない。もちろん、プロを目指している子の結果（進路）がプロになればいい。それだけです[XXVI]」と西谷氏も話すように、あくまでも**2013年以降の大阪桐蔭は甲子園で優勝することが第一目標**であり、プロ野球での活躍はその先の進路の一つにすぎないと考えていることがわかる。

◉強豪に導いた選手への観察眼

１９９８年から現在まで大阪桐蔭の指揮を執る西谷氏は、寮生活において比較的柔軟な方針を採っている。かつてのPL学園とは異なり、寮の部屋のメンバー構成は先輩と後輩ではなく同学年で配置したり、付き人制度を廃止することで先輩の洗濯物を干したりといった**必要以上の雑用に後輩が追われることはない。**また、**先輩後輩の上下関係の壁をなくし、コミュニケーションを取れるような雰囲気があると**、OBの廣畑実や水本弦《げん》もコメントしている。[XXVII]

その結果、2000年代以降、多くの有望な中学生が、PL学園ではなく大阪桐蔭を選ぶようになり、**戦績は2000年代中盤から逆転。**大阪桐蔭は、2008年夏の甲子園優勝以降、2014年には1985年のKKコンビを擁したPL学園以来29年ぶりの3年連続夏の大阪大会制覇を成し遂げ、2012年と2018年の春夏連覇、2017年から2018年の春連覇を達成し、PL学園に代わる強豪校として全国に名を轟《とどろ》かせてきた。PL学園は2000年代以降、幾度となく暴力行為などの不祥事が取りざたされ、入部志望者が激減。2016年には休部に追い込まれている。**PL学園はいわば、大阪という同じ地区の「競合他社」である大阪桐蔭にリクルーティングで負けて、強豪校の座を失ってしまったのである。**

そんな大阪桐蔭の西谷氏が中学生をリクルーティングする際、マインド面で大事にしているポイントが2つある。「**大阪桐蔭で野球がやりたい**」ということと「**三度の飯より野球が好き**」ということだ。

「色んな良い学校がある中で、どうしても大阪桐蔭でやりたいと言う選手と一緒にやりたいと思っています。基本は関西が中心ですが、最近では関東からも来たいと言ってくれる選手がいるので本当に有難く思っています」[xxviii]とコメントしている。事実、OBや現役選手が大阪桐蔭に進みたいと思った理由には「全国制覇」や「自分を高めたい」というのが多い。

2018年夏の甲子園優勝投手の柿木は、「自分が高校進学を決める上での基準は『自分を高められる』学校だったんです。最初から投げられる学校ではなく、一からスタートして、競争できるようなレベルが高い学校でプレーしたいと思っていました」[xxix]と話す。2019年に北海道から入学を決めた大型左腕・松浦慶斗（現・北海道日本ハムファイターズ）も「北海道が物足りないわけではないですが、うまい人と一緒にプレーして自分を高めたかったからです」[xxx]とコメントしている。

また、西谷氏は「上手い子はいても、本当に野球が好きな子はそんなに多くいるとは思わないです。練習を見にいったらはっきりわかります。試合だけでは案外わかりませんが、練習を見てると取り組む姿勢とか、指導者の方の話から見えてきます。やっぱり本当に野球が好きな子と一緒にやりたいと思いますね」[xxxi]と話すように、**技術の高さよりも野球に対する情熱や取り組む姿勢を重視し**ていることがわかる。

◎全国からエリート人材を集められるワケ

西谷氏は、スカウティングにおいてフットワークの軽さを見せる。選手からすると、日本一を誰よりも知る監督が直接自分に会いに来るとなると、心を動かされることは間違いない。社会科の教師でもある西谷氏がスカウト活動に充てられる時間は、基本的に週1日、土曜日の午前中だけだ。午後からは練習があるため、ノックが始まる午後2時までにはグラウンドに戻る。「土曜日は朝6時前後に家を出れば、近場なら3、4チームは見て回れる。最初の選手は1打席目だけ見て、次のところへ行ったりする。そうして何度も顔を出すことが大事[XXXII]」と言う。

広島出身の中田翔を獲得した時は40、50回広島に通ったエピソードもある。金曜日の終電で広島へ移動し、ビジネスホテルに宿泊して、翌日は早朝から中田を見て、午前11時広島発の新幹線で大阪へ戻るスケジュールだ。

ただ、この西谷氏ですら、選手のもとへ頻繁に通い、最後の最後で振られたことも一度や二度ではない。「そりゃもう、がっかりっすよ。でも、それはよくあること。私は本気で好きになった選手は違う高校に行っても気になるんです。どんな選手になってるのかな、と[XXXIII]」

また、近年はＯＢでコーチの石田寿也氏が中学校を回り、作成したおよそ２００人のリストの中から、西谷氏が2～3年後のチーム編成を想像し、選手の適性を見極め、声をかけているのだ。**この行動力があるからこそ、大阪桐蔭は毎年のようにトップクラスの選手を揃えることができるのだろう。**最強のチームづくりをする前に、リクルーティングの段階から、ここまでやっているからこそ長年トップに君臨しているのは間違いない。

加えて、大阪桐蔭は**退部者の少なさ**も有名である。一学年20人ほどの少数精鋭で、育成をしているのだ。そのため、実戦の経験も積みやすい環境でもある。

「全選手平等に、同じぐらいの打席に立たせたいと思っていて、時には2か所に分かれて対外試合をすることもある。Ｂ戦はあくまで育成の場なので、相手校の了解を得て、ＤＨをふたりにする特別ルールを設け、10番打者までいる打線で戦ったりもします」[XXIV]とコメントするように、レギュラーメンバーが中心となるＡチームの試合だけでなく、控えメンバーが中心のＢチームの試合も数多く組み、**野手なら打席数、投手ならイニング数に差が出ないように配慮しながら起用していくのだ。**控えメンバーまで満遍なく出場機会を与えられて、切磋琢磨する。このように、**引退まで部内の競争意識が高いからこそ、離脱者が少ない強い組織をつくれるのだろう。**

選手の可能性を広げるユーティリティ起用

大阪桐蔭は、起用面においてただ出場機会を与えるだけではなく、**選手のユーティリティ性を伸ばすことも意識している。**春連覇と春夏連覇を飾った2018年の「最強世代」は、**根尾昂や中川卓也、山田健太、石川瑞貴といった選手が、公式戦で複数ポジションを守っており、どのポジションでも打撃のパフォーマンスを落とさずに出場していた。**根尾の場合は、投手と遊撃手のイメージが強いが、2年生の時には外野も守っている。中川は一塁手・三塁手・遊撃手と3つのポジションを状況に応じて守っていた。さらに、山田は二塁手・三塁手、石川は一塁手・三塁手を守った。

2022年の世代に関しては、多くのメンバーを固定する傾向が強かった中で、松尾汐恩《しおん》（現・

横浜DeNAベイスターズ）は捕手でありながら、元々遊撃手だったこともあり、試合終盤は三塁を守るケースもあった。ユーティリティプレイヤーは近年増加しているが、このように、**守備位置を変えても打撃のパフォーマンスが落ちない選手が大阪桐蔭には増えた。**

一昔前なら、コンバートというかたちで選手の可能性を消していたが、今では完全なコンバートをせずに、状況に応じて起用している高校も増えている。**選手の枠が決められている中、高いレベルのユーティリティプレイヤーが何人かいることで、チームの野手の運用もスムーズにいくだろう。**

高校生という成長過程の中で、勝利の確率を高めていきながら、選手の可能性を広げていく点は非常に素晴らしいことだ。**プロに入っても、高校で様々なポジションを経験したことは活きるだろう。**

実際に、根尾昂は野手として入団するも結果が出ず、投手に転向した。

また、これは野球だけではなく、ビジネスでも重要なことである。働く上で尖りを大事にすることも必要だが、その一方で、**様々な経験をすることにより、自分ではわからなかった強みや特技が見つかる場合がある。**可能性を潰さずに、様々なポジションにチャレンジし、個々の強みを最大化できるような環境が、他の高校でも増えていくといいだろう。

「プロ」のようなローテーション化した投手起用

大阪桐蔭の投手陣は、**プロ野球のようにローテーション化**させるなど、豪華な起用法を見せることがある。2012年は、藤浪と澤田圭佑《けいすけ》（現・千葉ロッテマリーンズ）といったプロ入りした投手二枚が、先発からリリーフまでこなしていた。図9が藤浪と澤田の春夏の甲子園の成績である。藤浪の**2番手として控えていた澤田も高校トップレベルの実力**を誇り、両投手は先発をさせれば完投する力があり、対戦する相手チームもお手上げの状態だったのではないだろうか。また、澤田が先発の試合では、藤浪がリリーフすることもあった。先発の時よりも出力を上げた藤浪は高校生では攻略が難しかっただろう。

2018年の夏の甲子園も、投手陣を見ると、柿木・根尾・横川の3本柱は、総合力の高い右腕、速球派の右腕、長身左腕とそれぞれ個性が異なる。**全員がプロ入りするほどの実力を持っていたため、誰が先発しても大崩れすることがなく、非常にバランス良く投手運用ができていた。**図10は2018年の投手陣の成績である。夏の甲子園では、3回戦までに全投手を先発させて大会中の調子を見た上で、結果的に柿木が準決勝と決勝を完投している。さらに各投手の登板間隔を、1~2戦目は中6日、2~3戦目は中2日にすることで、先発をローテーション化していた。

また、2022年の世代は全体を通してみると、**夏こそタイトルは取れなかったが、高いレベルの投手陣を形成していた。**前年秋まで前田悠伍《ゆうご》頼り（現・福岡ソフトバンクホークス）だった投手陣だが、川原嗣貴《しき》が成長を遂げたことはセンバツ以降にも大きな影響を与えた。夏の甲子園で川原は、初戦こそ苦しみながらも勝利し、次戦の二松学舎戦では、甲子園で初の完封勝利を記録。球速も147km/hを記録して成長を見せた。登板がなかった準々決勝でチームは敗れたものの、国体も

【図9】2012年の投手陣

・藤浪晋太郎

参加大会	試合数	投球回数	球数	奪三振数	防御率
センバツ	5	40回	659	41	1.58
夏の甲子園	4	36回	516	49	0.50

・澤田圭佑

参加大会	試合数	投球回数	球数	奪三振数	防御率
センバツ	1	5回	53	2	1.80
夏の甲子園	1	9回	125	5	2.00

【図10】2018年の主な投手陣

センバツ

名前	試合数	投球回数	球数	奪三振数	防御率
柿木蓮	3	15回	209	19	1.20
根尾昂	3	26回	392	26	1.04
横川凱	2	5回	73	5	1.80

・柿木
2回戦：6回　78球
準々決勝：5回　74球
準決勝：4回　57球

・根尾
3回戦：9回　153球
準決勝：8回　99球
決勝：9回　140球

・横川
1回戦：2回　31球
準々決勝：3回　42球

夏の甲子園

名前	試合数	投球回数	球数	奪三振数	防御率
柿木蓮	6	36回	512	39	1.00
根尾昂	2	13回	214	13	4.15
横川凱	1	5回	78	9	1.80

・柿木
1回戦：9回　105球
2回戦：1回　24球
3回戦：4回　66球
準々決勝：4回　50球
準決勝：9回　155球
決勝：9回　112球

・根尾
2回戦：8回　119球
準々決勝：5回　95球

・横川
3回戦：5回　78球

【図11】2022年の主な投手陣

センバツ

名前	試合数	投球回数	球数	奪三振数	防御率
川原嗣貴	3	18回	229	19	1.50
前田悠伍	2	13回	198	23	0.00
別所孝亮	2	4回	78	3	0.00
南恒誠	1	1回	17	3	0.00

・川原
1回戦：9回　108球
準決勝：7回　92球
決勝：2回　29球

・前田
準々決勝：6回　86球
決勝：7回　112球

・別所
準々決勝：2回　28球
準決勝：2回　50球

・南
準々決勝：1回　17球

夏の甲子園

名前	試合数	投球回数	球数	奪三振数	防御率
川原嗣貴	2	17回	235	14	1.59
前田悠伍	2	9回1/3	155	23	2.89
別所孝亮	3	6回2/3	115	2	2.70
小林丈太	1	2回	20	1	0.00
青柳佳佑	1	1回	12	0	0.00

・川原
1回戦：8回　112球
3回戦：9回　123球

・前田
2回線：5回　76球
準々決勝：4回1/3　79球

・別所
1回戦：1回　23球
2回戦：1回　7球
準々決勝：4回2/3　85球

・小林
2回戦：2回　20球

・青柳
2回戦：1回　12球

初戦と決勝で先発をした。

国体では、同年夏の優勝校の仙台育英と同ベスト4の聖光学院[16]に対して完投勝利を挙げて、夏からは世代最高レベルのエースになっていったことがわかる。特に、夏の甲子園でチーム打率が4割近かった仙台育英打線を1失点に抑えたことは、さらに自信をつけたのではないだろうか。この川原の成長があったからこそ、大阪桐蔭は長いイニングを投げられる3投手（川原・前田・別所）を、先発ローテーションを組んで運用することができた。図11が実際の成績である。

このように、高校野球では今まであまり見られなかった、先発投手のローテーション化や中心選手のユーティリティ化など、プロ野球で用いられるような戦略を取り入れている。**どの高校よりも勝利しながら、貪欲に新しいマネジメントや戦略を取り入れていることが、2010年代から2020年代に至るまで強豪校である所以である。**

ポイントひとつかみ

西谷監督がやること・やらないこと
やること：様々なポジションに起用し、新たな可能性を探す
やらないこと：チームづくりにおいて、あれもこれも目指す

★16　福島県屈指の強豪校。2000年代半ばから県内で圧倒的な強さを見せ、戦後最長となる夏の甲子園13大会連続出場記録を持つ。

【まとめコラム】

西谷監督と大阪桐蔭のこれから

西谷氏は10年以上甲子園常勝校の監督として君臨している。 各時代における最適な育成や采配を行っており、2000年代から2020年代まで甲子園優勝を記録。2000年代中盤はタレントに依存し甲子園優勝を逃していたが、2008年からはそつのない選手を並べて優勝している。采配や育成面でも、2011年に甲子園を逃した世代は当時2年生の藤浪がエースで、3年生の中野悠佑《ゆう》を2番手として計算していた。しかし、これが中野のモチベーション低下を招いた。それ以降は、エースナンバーを3年生に渡す傾向がある。★17 また、仙台育英が小刻みな継投策を用いて優勝した後、2022年の秋季近畿地区大会準決勝でエース前田を温存し、かつては見られなかった5人の投手を繋ぐ継投策で勝利した。**トレンドを察知し、課題を改善していくのがわかる。** 巨大戦力のマネジメントにも優れており、U－18では日本代表監督として、日本を2度の準優勝に導いている。今後もこの柔軟性や改善する力がある限りは、大阪桐蔭はトップに君臨し続けるだろう。

★17 実際に2022年のセンバツでは、3年生の別所がエースナンバーの1番をつけており、すでにプロから注目されていた前田は11番だった。

昭和、平成、令和で勝ち続ける明徳義塾・馬淵史郎の観察眼

長年高校野球を牽引しているのが、明徳義塾の監督を務める馬淵史郎氏だ。馬淵氏は、「**高校野球は教育そのもの**」と語っている。毎年、チームの戦力を最大化して勝つ確率を1%でも高め、勝利を掴みとるチームビルディングが非常に上手い。まさに「**試合巧者**」といっていいだろう。

馬淵氏の野球は「教科書通り」といっていいほど、セオリーに基づいたものである。また、戦略家のクレバーなイメージとは裏腹に、期待する選手には要所の場面で激励するなど、**優れたモチベーターとしての側面も見せる。**

馬淵氏がクレバーなイメージを強めた試合は、かの有名な1992年夏の星稜との試合だ。相手は、松井秀喜（元ニューヨーク・ヤンキース）を擁しており、その松井に対して明徳義塾は5打席連続敬遠をした。今でも語り継がれる試合になったが、**馬淵氏は確率を考えて勝負をしなかった。**「エースがおったら、全部敬遠はせんかった。あと、うちが先に点をとれずにリードされたら、勝負しとった」[XXXV]とコメントを残すように、**明徳義塾はエースが投げられる状態ではなかったのだ。**

このように、勝利を徹底して目指すことにより、人生そのものを教えるのが馬淵監督だ。苦しい練習や試合を最後まで諦めずに耐えて結果を出した経験は、人生にも応用できることだろう。また、

人は成功体験から成長することが多く、選手達が勝利を掴んだ経験を得ることで、野球選手としてだけではなく、今後の人生においても大きく成長できるのではないだろうか。

結果を出し続けてきた「高校野球の教科書」

チームビルディングを見ても育成や采配、対戦校への作戦などを見ても、「高校野球の教科書」と呼べるかたちで、甲子園を勝ち上がってきた馬淵氏。社会人野球を含めると、**昭和・平成・令和で監督を経験しており、3つの時代で結果を残している。**1986年には社会人日本野球選手権で監督として準優勝し、高校野球の監督になってからは、2002年夏には、エースの田辺佑介や森岡良介（元・東京ヤクルトスワローズ）などを擁して甲子園を制した。この年はチーム打率.361、チーム防御率2・17、犠打24、失策4とまさに教科書に書いてあるような強いチームだった。

また、ルール変更への対応力や試合中の状況判断力も優れており、**U－18の日本代表監督では、ディフェンス力と正確性の高いスモールベースボールで、初の世界一に導いている。**

左が、馬淵氏就任時と前任者の明徳義塾の甲子園での成績である。

・竹内茂夫氏就任時：7勝4敗、春の甲子園に6回、夏の甲子園には2回出場。
・馬淵史郎氏就任時：54勝35敗、春の甲子園に16回（交流試合含む）、夏の甲子園には21回出場。夏優勝1回、明治神宮野球大会優勝1回。※甲子園初戦20連勝を記録。

●ミスを最小限にするチームづくり

馬淵氏は伝統的なチームづくりを行うが、今の高校野球の王道には反しているともいえる。**計算が立つ制球のいい投手を選び、大型のスラッガータイプよりも、小さくても動ける選手を優先し、小回りが利く選手を使うのだ。**コントロールが良ければ守備にもリズムが生まれ、打撃にもいい影響が出る。実際のところ、2002年夏の甲子園で優勝した時のエース田辺佑介は、6試合51回2/3を投げて四死球は12だった。9イニング平均で見ると、わずか2・09である。

野手に関しては、守りから鍛えていき、攻撃面では1番打者と3番打者のタイプを多く育て、**走力や選球眼、出塁率を重視**している。スカウトをする中学生に関しても、パワーや力強さではなく、バランスの良さと足の速さを見ている。

基本的には、ディフェンス力を意識しており、派手な野球をして勝ち上がっていくチームづくりではない。これは、森岡などを擁し、全国制覇を果たした2002年夏のチームに関しても、「2002年に明徳義塾が優勝した時、冬場、一切、打撃をやらなかったんです。打撃練習を1日もやらず、2月末から始めたんですが、その年の練習試合（チーム全体で本塁打を）50本打って、甲子園でも7本打ったんです」[XXXVI]と話したり、「（2002年夏に）優勝したときは平均身長が172センチやった。ウチが49代表で一番小さかった。体が小さくても守ってつないでいくような野球やってたら、優勝できる可能性もあるということなんよ、野球は。お客さんのために野球やってるわけじゃない。プロはホームラン見たさにお金払って来てて、それで敬遠したら『金払え』と言われる。でも、CSとか勝たないかんようになったら敬遠だって平気でやる。ヤンキースだってやるんやから。オレはトーナメントでやってるんだ。冗談じゃないよ」[XXXVII]とコメントするほど、堅い野球を見せる。このディフェンス力を意識したチームビルディングは、非常に理にかなっている。短期決戦では、いかにミスをしないかを重要視すべきなのだ。プロ野球とは異なり、**高校野球なら緊張感やプレッシャー、慣れない球場などから失策はつきものである。そのため、失策を最低限にすることにより、勝率が上がるのだ。**

また、チームの統制を整える上で、上級生への配慮も欠かさず、同等の能力ならば上級生を起用することも意識している。さらに、**主将は上級生の投票**で決めており、監督が一方的に決めるのではなく、あくまで選手を主体としており、監督と選手が上手く伴走していることがわかる。

選手への徹底した気配りと熱い想い

昭和・平成・令和の3つの時代を指揮した名将は、伝統的なチームづくりをする一方で、**時代に上手く適応しながら育成をしてきた。**昭和から平成では、練習試合後に夜遅くや翌朝まで練習をしていたそうだ。しかし、令和のご時世でそのような練習を選手に強いれば、すぐに批判を浴びるだろう。また、今はスパルタ的指導法ではすぐに選手が辞めてしまい、彼らの可能性をなくしてしまうデメリットもある。現在はそこまでスパルタ的指導を行わない。

このような時代背景の中、馬淵氏は自身がやっとの思いでグラブを買ってもらった原体験を伝えることで、道具とお金の大事さをはじめ、グラウンドの練習では「負けじ魂」を植え付けていくのだ。これは、普段から諦めないメンタリティをつけさせる狙いがある。**練習から諦めるクセがついていると、土壇場の大事な場面で踏ん張れないからだ。**

また、選手の親との関係も考えながら接している。**明徳義塾では、県外から入学した選手が多いことや母子家庭の選手を配慮し、練習試合の応援やお茶当番は保護者に一切やらせない。**これは、家庭環境で差が生まれると、まだ未成年の選手に対するメンタル面で影響が出るからだろう。このように、練習以外でも気配りをしながら、選手を支えていることがわかる。

様々な指導法や柔軟な対応力で、長年トップにいる馬淵氏からすると、目先の勝利も大事だが、人生に対して大局観を持って取り組んでほしい考えもあるだろう。選手達には、「人間はいつか花が咲くんよ。いつ咲くかが問題で、はよ咲いたら楽しみがないで」[XXXVIII]と声をかける。好きな野球で大成すれば万々歳だが、なかなかそうはいかないこともある。それを踏まえ、**選手には厳しい練習や試合に耐えた時を思い出して、今後の人生に活かしてもらえるように指導しているのだろう。**

馬淵氏の好きな言葉で「一芸は万芸に通じる」という世阿弥《ぜあみ》の名言がある。これも、「高校野球の経験を人生に活かしてほしい」という彼の想いと通じる。**高校野球に集中して極限まで打ち込むことにより、社会に出た後も活かせることが大いに出てくるのだ。**逆に、何も打ち込んでこなかった場合は、何をやっても成せないという考えもある。部活動とはいえ、高校野球というスポーツをやっている以上、勝ち負けはついてくる。さらに、レギュラーに入るか入らないかの競争の勝ち負けもある。ただ、これも大局観を持って人生を眺めれば、一つの瞬間にしかすぎないのだ。高校時代がピークの人もいれば、社会に出た後にピークが来る人もいる。**長い人生において、自分を高められる人間になることが、馬淵氏にとっての「勝利へのこだわり」かもしれない。**

◉世界一になった「バント攻勢」を活かしたチームビルディング

U—18を率いた馬淵氏。日本代表選手を選ぶにあたり、「投手を多く入れないと回らない。投手もできて、なおかつ野手でも出場できる選手を多く選びたいと思った。ユーティリティープレーヤーというか、いろんなところを守れる選手を選んだ。なおかつ、日本の高校野球の特徴であるしっかり守って機動力を使える、バントができる選手を20人選びました[XXIX]」と話すように、**バントが上手い選手を中心に選定した。**短期決戦において**自分が得意とする野球で成果を最大化するための人選**だったことがわかる。実際、日本代表監督を務めた馬淵氏は、「いろんなやり方があるが、私にはこれしかできない[XL]」とも話した。大会後は、日本が見せたバント攻撃が取り上げられたが、夏の甲子園終了後に開催され、**準備期間が短かったU—18だからこそ活きた結果**といえるだろう。

大会前は、スラッガータイプが少ないため、チーム全体の打力が低いことが懸念されていたが、その状況を打開した結果になった。大会全体を通して、「スモールベースボール」を駆使して勝利したが、**特に決勝は3者連続バントをするなど、馬淵氏らしい野球を見せたのではないだろうか。**

U―18の場合は、夏の甲子園終了後にチームづくりが始まるため、短期的にまとめ上げられるかが鍵になる。さらに、普段は金属バットを使用しているが、**この大会では木製バットを使用するため、選手個人で対応する力も必要になる。**他の国を見渡した時、細かい部分でミスが目立っており、決勝も相手のミスにつけ込むかたちで世界一になった。

優勝した際は、「スモールベースボールを掲げて成功するか分からなかった。だけど、高校野球の代表選手が、ああいう野球をやれば、世界的に通用することを示せたことは本当に良かったと思います」[※11]と語っており、世界の舞台で信念を貫き通した姿勢が結果と結びついた。

これを見ても、**馬淵氏のチームビルディングの根幹には、時代に左右されることなく、軸があることがわかる。**馬淵氏のチームビルディングは、確率論を重視し、ミスをしない野球だ。プロ野球なら落合博満氏が監督をしていた時代の中日ドラゴンズに近いものを感じる。**派手さはないが、チームの欠点が少なく、安定した試合運びをするため、大崩れはほとんどしない。**ただ、圧倒的な選手との対戦では、馬力に押されるのも否めない。どの選択が正解とはいえないが、長年培ったノウハウを活かし、安定して勝ち続けるチームづくりとしては、素晴らしいものと感じている。

チーム力を最大化する守備位置と打順の決め方

馬淵氏は様々な戦法をとる。**スタメンを決める際に、二遊間は打力を度外視し守備力だけを評価**

して起用するのだ。「二塁手とショートの守備が悪かったら、明徳じゃない」と常々言っているそうだ。具体的には、夏の甲子園に出場した年の高知大会の成績を見ると、2013年の遊撃手岩見昂や2016年の今井涼介は打率．000である。いささか極端な気はするが、全く打てなくても、**二遊間の守備力を徹底的に固めていく戦略なのがわかる。**

馬淵氏自身「捕手と二遊間は、自衛隊でいいと思っている。守りの方が大事。だって、ええ投手になったら、なんぼバッティング練習しても4タコ食らうってあるからな。（自衛隊の）選手が打てたら万々歳よ。もちろん、打てるように指導はするよ。でも、まずボールを放らせる。アウトになってもええから1球でも多く。『5球放らしたら、お前はヒット打ったのと同じや』って言っている。それと、『バントのケースがあったら必ず決めてくれ』と」[XLII]と話すくらいだ。

高校野球というカテゴリの中で与えられた戦力に正しい役割を与え、チーム力を最大化していることがわかる。それによって、**良い意味で取捨選択をして選手の伸ばすべきところに集中し、チーム力を上げているのだろう。**

野手の起用に関しても、**四球を選べて三振が多くなく、バントができることが前提**で、3番打者まではある程度走れる選手を並べつつ、3番、4番打者には1発のある選手を置く。

その他に**こだわっているのが6番だ。**「一番から五番までは、そこそこいいのを並べる。六番のときにランナーが出ることが、一番多い。（中略）そこで六番が打ってたらビッグイニングになる。六番が打って、七番が打ったら絶対勝ちよ。ビッグイニングにならんときは必ず六番で切れる」[XLIII]と

6番の重要性を語る。

◎山岡、今井、上甲監督まで……相手のクセを見抜く馬淵監督の〝眼〟

馬淵氏の「試合巧者ぶり」は打線の組み方だけでなく、その分析力にも表れる。映像や情報から相手チームを分析し、情報を入れた上で選手達にイメージさせる。そして、試合前に練習とミーティングで指示をもう1回徹底するのだ。この分析から実践までの流れで、**甲子園の初戦は春夏合わせて20連勝を記録するなど、馬淵氏の相手チームの分析は、非常に精度が高い。**

馬淵氏はこれまで、松坂大輔（元・埼玉西武ライオンズ）、吉見一起《かずき》（元・中日ドラゴンズ）、西村健太朗（元・読売ジャイアンツ）、東浜巨《なお》（現・福岡ソフトバンクホークス）、藤浪晋太郎など、プロ入り後にタイトルを獲得する数々の好投手と対戦してきた。

馬淵氏は「ずっとビデオを見ていたら欠点がわかってくる。投手の欠点、バッターの欠点を見逃さない」[XLIV]「打てない時にどうやって勝つかが作戦であって、そこはしっかりと練習しておくべき」[XLV]とコメントしている。

映像で重点的に見るのは投手と配球だ。このクセを見抜いて選手達にバント攻撃などを指示するのである。さらに、**球種を予測するのに貴重な情報となるのが捕手。**構え方にクセが出るという。捕手が「低めに投げろ」というジェスチャーをすると変化球が多い。逆にそのことを利用し、味方には低めに投げるジェスチャーをしてからストレートを投げさせる指導をしている。[XLVI]

相手投手の分析に関しては、かなり精度が高い。２０１３年に対戦した瀬戸内高の山岡泰輔（現オリックス・バファローズ）や２０１６年に対戦した作新学院の今井達也（現・埼玉西武ライオンズ）は**100%クセがわかったという。**

特に、山岡は「高校野球であれは打てんぞ」[XLVII]と馬淵氏が対戦前にコメントするほどに、高校生離れしていたスライダーを武器にしていた。そのため、対戦が決まった後は、打撃練習をせずにほとんどバント練習をさせていたようだ。しかし、試合前にクセを完璧に見抜いていた。

それは、**「全部セットでゆっくり入ったらストレート、スッと入ったら変化球」**[XLVIII]だ。そのため、右打者ならホームベースを半分にして、真ん中より外側にきた変化球は打たないように指示をした。外側にきた変化球はそのままボールゾーンに逃げ、ワンバウンドするぐらい落ちるからだ。

そして、**狙うは肩口から入る抜けたスライダーだ。それ以外のスライダーは全て捨てた。**「見逃せ。打ったって打てんのやから打つな」[XLIX]と。

こうして、捨てる球と狙い球は決めたものの、**馬淵氏はあえて打撃練習をさせず、代わりにやったのは、前述のようにバント練習だった。**馬淵氏はこう話す。

「広島予選を見たら、バントのときもスライダーを投げてる。広陵、新庄のバッターが全部失敗しとった。わかっとって失敗するんよ。それで、瀬戸内とやると決まってからは、バッティング練習をいっさいせんかった。マシンを全部スライダーにして、毎日バント練習だけやった。だって、あんな球は打つ練習したって打てんのやから。それやったら、他の練習がいい[L]」

山岡の攻略の策はバント作戦だった。**その結果、この試合で明徳義塾は5犠打を記録。バントを試みた結果ファウルになったのは1球だけ（スクイズは除く）。**強化されたバントを活かし、山岡の悪送球を誘って決勝点に繋がった。**打てない球は打たず、バントするだけでいい。それぐらいわりきらなければ、好投手は攻略できないという馬淵氏の美学を感じる。**

また、作新学院の今井を事前に分析した結果、**今井はセット★18時の手首の向きが、普通の投手と逆であることから、打席から球種を判別しやすいと考えた。**ただ、今井の実力も認めており、「今井君からは取れて2点。もしかしたら1点かもしれない。ウチが勝つには、しっかり守って失点を少なくすることが条件」と試合前にコメントしている。

結果は10対2で敗れ、「重かったね、あの2点、3点、3点が……。ああなると、動きたくても動けない。後手、後手になる。相手も伸び伸びプレーし始めるしね」とロースコアゲームに持ち込めなかったことを口にしたが、**試合前のコメント通り2得点を記録している。**

このように相手投手のクセを見逃さず、攻略の糸を可視化していくのだ。しかし、投手のクセをわかっていても、時に好投手はそれを超える実力を持つ。そのため、**味方の投手と守備を鍛え、分析を活かせるように失点を計算し、戦える準備をするのが馬淵流だ。**

さらに、**対戦相手の監督の動きからコメントまでも把握し、分析をしている。**対戦相手が決まると、必ず行うのが相手監督の研究だ。「性格や野球観を知りたい。出身校は必ず調べるね。高校、大学はどこでやってたか。当時の指導者は誰か。それは如実に表れるからね」[LIII]と話す。

例えば、かつて済美《さいび》高校を率いた**上甲正典《じょうこうまさのり》氏については、「エンドランを出したら焦っているとき」**[LIV]と性格まで把握しており、試合中も相手をコントロールできるように徹底的に分析している。

◎木内監督との名将対決

2002年、馬淵氏が率いる明徳義塾は、「史上最強」といわれるほどの総合力と馬淵氏の采配力で夏の甲子園を制している。**その中で一番苦しんだ試合は、3回戦の常総学院戦だろう。馬淵氏は、松井を5打席敬遠した試合と同じぐらい、この試合が印象に残っていると語っている。**

常総学院は、**名将・木内幸男《ゆきお》氏**の鋭い洞察力で2001年センバツを番狂わせに近いかたちで制し、2003年夏の甲子園でも決勝で東北高のダルビッシュを攻略して、チーム本塁打0ながら優勝を果たしている。また、この木内氏の下でプレーをした仁志敏久《にしとしひさ》(元・横浜DeNAベイスターズ)★19は、大学や社会人、プロ野球でプレーを続けていった中で、当時が一番頭を使っていたと語る。

例えば、送りバントのサインが出た場面で、相手が前進守備をした際、ただ送るのではなく、バ

★18 セットポジション。投球前、プレートに足を置いている際(右投手の場合)三塁側を向いた状態で静止する姿勢。これまでは塁上に走者がいるケースで採用されてきたが、近年、大谷翔平(現ロサンゼルス・ドジャース)、ダルビッシュ有ら走者がいなくとも、セットポジションから投球を開始するピッチャーが増えてきている。

★19 仁志が所属した当時は「横浜ベイスターズ」。2011年より親会社が変わり、現在の名称に変更された。

スターをして進塁の確率を上げることまで求められたのである。確率の高い作戦を事前に準備する采配の中からは、「バントのサインからバスター」といった作戦は生まれないだろう。

木内氏の采配は、当時「**木内マジック**」**と呼ばれていたが、選手が状況に応じて柔軟に考えてプレーする意識を植え付けることが一つの「マジック」だった。**この年も、木内氏の卓越したマネジメントはもちろんのこと、「木内マジック」と呼ばれる采配力で、劣勢の場面があっても勝ち上がってきた。この試合は、「試合巧者」と呼ばれる監督同士の対戦で、注目度が高かった。

最初に動いたのは木内氏だ。先発をエースの飯島秀明ではなく、内田博之を起用した。おそらく、エースの飯島を後ろに回すことにより、機転を利かせられるようにしたのだろう。一方、**馬淵氏は、順当な試合運びで勝利した1回戦、2回戦とほとんど変わらないメンバーを選ぶ。しかし、主軸の森岡がこの試合が始まるまで9打数2安打と不調だった。**その懸念材料がある中で試合が始まる。

常総学院に、いきなり初回にホームランで先制されるも、明徳義塾は総合力の高さを活かし、4連打などで逆転に成功し、優位に試合を進める。しかし、常総学院も逆転された後はエースの飯島にスイッチし、1失点に抑え、じわじわと追い上げてプレッシャーをかける。

そして、明徳義塾は試合巧者の木内氏率いる常総学院のペースに巻き込まれる。常総学院は、5回表に二死から四球と長打でチャンスをつくる。ここで飯島が2点タイムリーを放ってたちまち1点差に。さらに7回表には、1年生サード梅田大喜がこのイニングだけで2つの失策を喫する。このミスに付け込むようなかたちで、飯島がセーフティスクイズを決めて同点に追いつく。

守備を中心としたチームビルディングをしてきた馬淵氏からすると、このイニングは非常に痛いミスが続いた。全体の流れを見ても、常総学院の2番手飯島が好投を続けており、ほとんどチャンスがない状態で、常総学院ペースのまま試合が進んだ。このペースに乗るように、常総学院は8回表に二死一、二塁から宮崎渓の2点タイムリースリーベースで一気に勝ち越す。明徳義塾のレフト沖田浩之はダイビングキャッチを試みたが、惜しくも捕れずにビハインドになった。

その裏、逆に常総学院が無死から失策でランナーを許す。続く沖田が守備の悔しさを晴らすツーランホームランで追いつく。**さらに、「オマエが打たな、勝てんのや」と馬淵氏に活を入れられたのが、この打席まで大会通算12打数2安打と苦しんでいた主砲森岡だ。**

そして、森岡はこの場面で2者連続となるソロホームランを放ち、勝ち越す。明徳義塾は、華麗な逆転劇で一気に息を吹き返し、勝利した。**苦しんでいた森岡は、この試合以降12打数7安打と復活を遂げ、明徳義塾の初優勝に大きく貢献したのだ。**

一方、ここまで充実した攻撃力を持っていても、チーム全体で24犠打を記録し、失策数は4。相変わらず手堅さも健在だった。重要な試合で、馬淵氏は不調の主軸を復活させ、手堅さも兼ね備えた明徳義塾に敵はいなかった。

"予見力"に優れる馬淵監督は低反発バット導入後、何を見せてくれるのか？

馬淵氏は2017年、高校野球の今後について、**投手は縦変化が重要になることや身体が大きくても動ける野手の存在に対して、すでに言及していた。**実際のところ、現在の高校野球でもフォークを中心に落ちるボールを投げる投手が増えている。

日本人投手は昔から決め球として、フォークやスプリットを投げることが多い。肘への負担が比較的少ないチェンジアップなどがメジャーリーグで主流となっている中、**スプリットをこれだけ扱える投手がいるのは世界で日本のみだろう。**落ちるボールを武器にメジャーで活躍した（している）投手は野茂英雄から始まり、佐々木主浩《かづひろ》、上原浩治、黒田博樹、岩隈久志、田中将大《まさひろ》、大谷翔平、平野佳寿《よしひさ》、千賀滉大《こうだい》がいる。さらに、ダルビッシュ有や前田健太は、縦の変化球を渡米後に強化しており、それだけ縦変化は効果的なボールなのだ。このように、**海外で日本人投手が活躍した影響もあり、高校野球でも縦変化の球種を投げる投手が増えたのだろう。**

さらに、**野手に関しても、馬淵氏が予見したように、長打が打てて走れる選手が増えている。**選手のレベル自体も上がってきており、以前よりもハイブリッドなタイプが多くなっていることがわかる。例えば、プロ野球を見ても2000年代までなら、長打力が優れている代わりに走れないといった選手が多かったが、大谷や鈴木誠也、かつての山田哲人や柳田悠岐《ゆうき》、坂本勇人あたりが出て

きた2010年代からは、長打力と機動力を兼備した超一流ラインの選手が続々と現れた。

そのため、この時代からは「スピード＆パワー」のある選手がトップクラスで活躍しているのだ。こういった選手は、2000年代なら井口資仁《ただひと》や松井稼頭央《かずお》、福留孝介だろう。長打力でいえば、全盛期の松井秀喜、松中信彦並みの圧倒的な長打力や勝負強さ、主砲としての威圧感が必要になってくるのだ。プロ野球への前段階である**高校野球を見ても、ハイブリッドな選手は増えており、馬淵氏が高校野球において先見の明を持ち、戦略的な頭脳を持っているのがこれだけでもわかる。**

2024年から低反発バットが導入され、U—18で日本代表が見せたような野球が中心になることが予想される。ただ、馬淵氏はそもそも、小回りが利く選手を選んでいるため、何かを変えるのではなく、いつも通りのスカウティングから始まり、練習でも守備を中心にしていくだろう。**普段と変わらない野球をしていくため、明徳義塾は他校よりもアドバンテージを得ている立場だと思われる。**低反発バット導入については「絶対おもしろくなる」と話しており、今後の馬淵采配と明徳義塾の活躍が楽しみである。

ポイントひとつかみ

馬淵監督がやること・やらないこと
やること：1％でも勝つ確率を上げる努力を惜しまない
やらないこと：野球以外で選手に精神的な負担をかける

【まとめコラム】

馬淵監督と明徳義塾のこれから

馬淵氏は、長年高校野球の重鎮として存在感を放ち続けている。試合巧者といえば馬淵氏が率いる明徳義塾をイメージする高校野球ファンは多いのではないだろうか。徹底的な分析力を駆使し、初戦での強さは歴代屈指のものを感じるが、それを可能にする行動力や再現性の高さは群を抜いており、戦力を最大化することに長《た》けている。また、対戦相手を分析する力の高さはトップクラスのため、相手からすると不気味に思えるだろうし、実際に欠点のないそつのない野球をするため、非常に戦いづらいだろう。好投手や好打者の実力を認めた上で、**現状の戦力でどう勝てるかという対策力は一流で、高校野球を熟知しているからこそ、確率が高い手段を選ぶことができる。**選定する選手は小回りが利く選手やコントロールがいい投手など派手さこそないが、きっちりと勝利を掴みとるチームのスタイルには、熟練者たるものを感じる。松井秀喜への5打席連続四球でヒールのイメージが強いが、**高校野球において勝てるチームづくりから試合展開の組み立て方まで、これからも教科書のような存在であるのは間違いない。**

第2章

甲子園に
新しい風を吹かせる
〝ニュータイプ〟の
監督たち

「究極はノーサイン」慶応義塾・森林貴彦の自主性を高める教育

2023年夏の甲子園で107年ぶりに頂点に立ち、世間を沸かせたことが記憶に新しいのは慶応義塾高校の森林貴彦氏だ。

彼は甲子園優勝を果たしたことで、監督としてコンセプトに挙げている「**成長と勝利の両立**」を実現した。慶応がある神奈川県には、横浜高校や東海大相模など強豪校が揃う。その中で、激戦区を勝ち上がり、夏の甲子園も須江氏率いる仙台育英など数々の強豪校に勝利して頂点に立った。

2023年の夏は、髪形の自由さや短時間練習などの画期的なマネジメントが大会中に話題になり、勝ち上がるごとにメディアが取り上げた。慶応が優勝したことにより、高校野球の価値観を変えたと言っても過言ではないだろう。

大会中、慶応が標榜《ひょうぼう》している〝**エンジョイベースボール**〟というフレーズがしきりに取り上げられたが、「エンジョイといっても、単に『楽しい野球』ではなくて、スポーツなので当然勝ちたい。そのために自分の技量を上げて、チームも強くなり、その結果、勝利という果実が得られる。より高いステージで野球をして『より高いレベルの野球を楽しもう』という意識を持つべきだという考えです。**負けてもいいだなんて全くなくて、勝利は貪欲に追求してきました**」とコメントしている。★20

エンジョイベースボールは「野球を楽しめばいい」という意味で受け取られがちだが、決してそうではなく、「より高いレベルで野球をやろう、そのためには一人ひとりもチームも強くならないといけない、それによって県大会より関東大会、関東大会より全国大会と高いステージで高いレベルの相手と試合ができる、それこそが野球をエンジョイしている状態なんだと。より高いレベルを目指してより高い野球をやろうと。それには地味で辛い積み重ねが必要なんです。**ただ楽しむ野球じゃない、辛いことを乗り越えてこそエンジョイできる**」[LVII]といった意図がそこにはある。

そのため、ただ耳触りが良く聞こえる方針ではなく、高いレベルを目指すことを前提としたコンセプトなのがわかる。左が、その「エンジョイベースボール」を作った上田誠氏が率いていた頃の成績と甲子園で頂点に立った森林氏時代の成績である。

・上田誠氏就任時：5勝4敗、春の甲子園に3回、夏の甲子園には1回出場。明治神宮野球大会優勝1回
・森林貴彦氏就任時：6勝3敗、春の甲子園に2回、夏の甲子園には2回出場。夏の甲子園優勝1回

★20 エンジョイベースボール自体を方針として掲げたのは前任の上田誠氏

「エンジョイベースボール」は〝ラク〟ではない

前任の上田氏時代から神奈川の強豪校と渡り合えるぐらいの強さになった慶応は、**森林氏に代わりさらにアップデートされたように思える。**

特に、2023年の夏の甲子園では、エンジョイベースボールが大きく取り上げられて話題になった。

時代を考えると、スパルタ教育が淘汰《とうた》される現代では、慶応の指導法は時代に合っているという見方が多かったのではないだろうか。ただ、これに関しては、話題だけが先行しているが故に、勘違いしている人は多いが、そもそも選手個人のポテンシャルがあった上に、**決してラクをして勝ってきたわけではないということが前提としてある。**

2023年の慶応は、春の甲子園時点で仙台育英と互角の試合をしていたこともあり、夏の大会でも優勝候補の一つで、非常に高いポテンシャルがあったのは間違いなかった。実際のところメンバーを見ても、投手は球数制限に対応しつつ3人体制で連戦にも対応できた。さらに、横浜の杉山遥希《はるき》（現・埼玉西武ライオンズ）をはじめ、広陵の高尾響《ひびき》や沖縄尚学《おきなわしょうがく》の東恩納蒼《ひがしおんなあおい》といった好投手を接戦の試合で打ち崩せるだけの実力があった。**細かいミスもほとんどなかったため、夏を制するチームとして相応しい戦いぶりだった。**

◉応援をバックに日本一へ

その他のポイントはやはり**メディアや観客を巻き込んだ点**だ。特に、甲子園の雰囲気を味方につけた試合といえば準々決勝の沖縄尚学戦だろう。慶応は2点ビハインドのままクーリングタイムを挟んだ6回、清原和博（元・埼玉西武ライオンズ）を父に持つ清原勝児を代打で起用すると大歓声が沸いた。**結果的に清原は凡退したものの、この打席で一気に球場は慶応のホームになった。**

相対した沖縄尚学の東恩納は、U―18日本代表にも選ばれており、第31回WBSC U―18ベースボールワールドカップでは、先発投手としてベストナインにも選ばれている。高校生離れした投球術をする当大会屈指の投手で、沖縄大会からこの前の試合（創成館戦）にかけて49回1／3を投げ、奪われた点はわずかに1点と素晴らしいピッチングを見せていた。慶応戦も5回までほぼ完璧に抑えていた。

しかし、「（6回に）ランナーが出て、聞いたことのないような大歓声になった。ライトとも会話ができないいような感じで。あそこで少し、変わってしまったのかな」[LVIII]と捕手の大城和平がコメントしたように、慶応を応援する甲子園の雰囲気にのまれた。

その結果、慶応はこの回一挙6点を奪い逆転勝利をした。このように、**甲子園で勝ち抜くために必要な「データや数字では可視化できない部分」も上手く活かした試合だった。**この試合を機に、甲子園が〝慶応のための大会〟になったのは間違いない。

◎「主体性を伸ばす」ために必要なこと

森林氏の育成やチームビルディングを見ると、第一に「**主体性を伸ばすチームづくり**」がある。それには、慶応生の地頭の良さが最大限に活かされており、主体性を伸ばすには、「自ら考える力」を育むこと、プレーに意図を持つなど、**考えながら野球をすることが前提**だとわかる。

実際のところ、森林氏は、「人材育成という面からいえば、言われたことだけやる、言われたことしかやらないという日本の野球は危ういと思いますね。野球をとった部分で何が残るか、人としての部分がすごく大事です。『野球を通じて人を育てる。しかし、それだけじゃなくて野球も強い』となった方がいい」とコメントしている。まさにその通りで、野球だけではなく人生について大局的に考えてみた時、人として成長ができているかが、重要なのだ。

自主的に考えながら動くためには、地頭の良さも多少必要なのかもしれない。そのため、森林氏は超進学校の慶応だからこそのチームビルディングをしているともいえる。とはいえ、「**自ら考える」ということを部下や教え子に意識させることは全ての第一歩である。**「主体性を伸ばそう」と盛んに言われるが、まず「自ら考える意識」を一人ひとりに根付かせる試みは、地頭の良し悪《あ》しにかかわらず取り入れることができる。

このように、森林氏が実践する「主体性を伸ばすチームづくり」だが、これは野球のルールの特性も上手く活かされている。野球は一球一球がサッカーやラグビーのようなセットプレーと考えており、サインだけを受け取るのではなく、自主的に先読みをしながらプレーをした方が価値は高まると指導している。

その結果、「究極はノーサイン」で試合を進めていくことがいいとも言っている。

森林慶応と野村ヤクルトの共通点

また、これはプロ野球の名将だった野村克也氏も、「野球とは、〝間〟のスポーツである」と言っており、こう話す。

「世の中には数多くのスポーツがありますが、野球ほど〝間〟が多い競技はないのではないでしょうか。投手が1球投げるごとに試合が途切れる、つまり絶えず〝間〟ができるわけです。そして、この〝間〟こそが野球の醍醐味であると、私は考えています。〝間〟があるということは、次のプレーに備え、考える時間があるということでもあるんです。それをいかに有効に活用できるかどうかが、勝敗の鍵を握ることになるんですよ。たとえ弱者でも、極限まで頭を働かせ、勇気を持って行動に移せば、強者を倒すこともできるかもしれない。だからこそ、私は今もなお、〝考える野球〟の重要性を提唱しているんです[x]」

実際のところ、この考え方を取り入れた野村ヤクルトは、1990年代に黄金期を迎えることができた。**自分達も再現するには、選手としての実力はもちろんだが、考える力を育むことが重要である。**これに関しては、元々地頭の良さを兼ね備えている慶応だからこそ成立しやすい部分はあるだろう。しかし、こと社会人においては充分可能であり、高校生に対しても意識づけをすることは大切である。

加えて、自ら考えることのメリットには、**メンバーや部下に主体性を持たせることで、自然とそれを楽しめるようになり、モチベーションが高まることが挙げられる。**

選手に主体性を委ねるのは、監督自身も選手を信頼している証拠であり、**監督と選手は対等の立場で上下関係もつくらないようにするのが森林流だ。**森林氏と選手はフラットな関係のため、「この守備隊形は、あまり必要ではないと思うんですよ」[LXI]と主将に言われた際、森林氏は「ああ、たしかに面白くないようだったら、それは省いてもいいね」[LXII]と言い、**あっさりと主将の言い分を認め、本当に練習内容が変更になったこと**もあるという。選手と伴走しながら、ともに成長していくイメージだろう。

前向きなミスを怒らないことで「チャレンジ」できる土壌をつくる

森林氏は選手に対して「**任せる、信じる、待つ、許す**」という態度を指導における信条としているようだ。「**任せる**」とは、高校生だからといって子ども扱いせず、彼らの成長のために責任を持たせることだ。

「信じる」も「任せる」に近く、高校年代の選手は体も心も自然と成長していくので、それに対する信頼感を持つということ。

「待つ」は、時間こそかかるかもしれないが、試行錯誤することは成長過程において避けられないため、時間が許す限り待つことである。しかし、高校野球は2年半しかないため、非常に難しい。ただ、目先の勝利よりも選手を**将来的に大きく伸ばすためには、厳しいスケジュール管理をせずに任せながら待つことがいい**というのが森林氏の考えだ。また、**監督には成長を待つ度量が重要**ということも主張している。

そして最後、「任せる、信じる、待つ、許す」の**「許す」は、間違いを頭ごなしに怒るのではなく、伸び伸びと積極的なプレーができるような環境をつくるために、許していくことだ。**

特に、工夫をした上でのミスは、それを許すことにより心理的安全性が保たれる。選手がまた工夫できる空気を生み、自身で課題解決ができるようになる。

もちろん、結果を出すことも大事だが、結果の前段階で上手くいかないのが高校野球である。そのため、**可能性を潰すような指導をせずに、自ら可能性を広げていく行動には、寛容的に接することを意識**していることがわかる。このような視点で指導をすることにより、選手が主体的に動くことができるため、自ら考えながら成長を最大化できるのだろう。

選手に対する見方も非常に参考になる部分がある。日本特有の欠点をなくす教育ではなく、強みを認めて伸ばしていくのが森林氏の方針だ。結局のところ、**頭ごなしに矯正させるよりも、強みを**

活かした方が、選手も思うようなパフォーマンスが発揮されるのだろう。さらに、この指導法により、選手達の可能性を狭めることはなくなるのだ。

選手に伝えるビジョンは〝他益〟であれ

森林氏は、高校野球の在り方や価値観も変わるべきだと主張している。2019年には「ウチの生徒たちには、『君たちには日本を変えられる可能性があるんだよ』と話しています。自分達のスタイルで、甲子園で優勝したらどうなるか？　日本のスポーツ界に大きな影響を与えられるはずです。慶応の野球には、そうしたチャンスがあるんです」[LXIII]と話していた。

実際のところ、髪形が自由なことやエンジョイベースボール、練習時間の短縮などは昔からの取り組みのため、慶応からすると真新しいことをしていたわけではないだろう。ただ、甲子園で優勝した結果、世間からは真新しいように映り、話題になった。**優勝を果たした2023年の夏は強さを兼ね備えており、大衆を味方につけてチームの方針に説得力を持たせた。**

優勝後、森林氏は「野球（を）やる楽しさ、喜び、みんな野球を始めたころは楽しくてしょうがなくてやってたと思うんです。どうしても勝ち負けがつきまとうと、勝たなきゃとか打たなきゃがついてきて、野球やるのが辛そうになってきちゃう。もう一回野球をやる喜びを感じながら表現できるように、良い顔して野球やろうとやってきました。それの方がパフォーマンスも発揮できるという思いでやってきて、こういったかたちにできて、世の中にメッセージを発信できたのかなと思います」[LXIV]と語り、「うちは髪の毛のこととか、練習時間、選手と監督の関係とかでいろんなご意見いただくこともあるけど、信念を貫いてきて、こういう高校野球の形もあるぞと。そのためにも優勝して示すことが一番カッコいいんだぞと言ってきて、選手もだから優勝したいと言ってきた。みなさまに感じてもらえるものがあれば嬉しいです」[LXV]とコメントしているように、結果を残すことで自分達がやってきたことの正しさを世間に証明し、大きな影響を与えたのである。

自分達の利益だけではない、**己の頑張りが社会のためになるという慶応と森林氏のビジョンは、選手のモチベーションを高めたに違いない。**ビジョンの設定において、それが社会貢献であると意識づけることは、非常に重要である。

これらは耳触りが良いだけの話にも聞こえるが、森林氏がより高いレベルで野球をすることを求めるように、**選手に対して厳しさは一定以上必要であり、勝利へのこだわりも欠かせない。**ただ、全員がプロ野球選手になるわけでもなく、部員の大多数にとって高校野球はあくまで一つの通過点なのである。

選手個々の未来を見据えた上での成長を意識し、その中で目の前の試合にも勝つことを実現させることが、高校野球の監督をする「ミッション」と捉えており、まさに「成長と勝利の両立」である。

また、森林氏は野球をすることの価値として、次の4点を挙げている。

・考える力をつける
・実際に体を動かしながら行動力を身に付ける
・チームや人など自分以外のために貢献することを考える
・スポーツマンシップを身に付ける

野球を通して人間的に成長できることを野球の価値として考えている。野球離れが加速している今だからこそ、この点はもっと広まるべきである。そのために、**この波を一時的なブームで終わらせないためにも、森林氏のような新しい価値観を見いだした指導者が、勝負の世界でも結果を残し続けることが、今後さらに重要になっていくだろう。**

ポイントひとつかみ

森林監督がやること・やらないこと
やること：自分の頭で考えるように促す
やらないこと：自分のやり方にこだわり、選手の声を聞かない

【まとめコラム】

森林監督と慶応のこれから

森林氏は、2023年の高校野球の話題をかっさらった監督の一人だ。「高校野球を変えたい」と森林氏自身が言うように、これまでの高校野球の常識を一新する指導法を取り入れている。野球優先ではなく、あくまで選手達の人生全体を考えているのだ。そのため、選手の主体性を伸ばすことを意識している。プロとして野球を続けられる選手はごくわずかだ。また、仮にプロ野球選手になれても、いずれ現役を引退しなければならない。だからこそ、**「野球から離れた時にきちんと勝負できる人間になっていることが大事」だと唱えている。さらに、森林氏自身がビジネスパーソンとして経験があるため、設定する目標も高校野球の常識を覆している。**森林氏は、目標と目的をあえて分ける。目標は「KEIO日本一」で、それによりこれまで支えてくれた人への恩返しをすること。そしてそれらの目的が、「高校野球の常識を覆す」だ。その結果、2023年夏の甲子園では、その目標が達成されたのだ。目的に関してはスタートラインに立てた状況のため、今後も、高校野球の舞台で結果を残し、さらなる変革を巻き起こすことに期待していきたい。

伝統校を蘇らせた作新学院・小針崇宏から学ぶ「基本＋変革の黄金比率マネジメント」

選手の個性を大いに活かし、33歳の若さで夏の頂点に立ったのが小針崇宏《こばりたかひろ》氏だ。彼は、23歳の若さで作新学院の監督に就任すると、4年目の２００９年に31年ぶりとなる夏の甲子園出場を果たし、２０１６年夏の甲子園では優勝している。就任当時は、「3年目が勝負」と意気込んでおり、就任3年目終盤の春季大会で栃木県大会優勝。そして、夏の甲子園では31年ぶりの出場を決めた。

作新学院は北関東の伝統校として知られるが、小針氏は送りバントが少ない**「超攻撃型野球」**を掲げている。小針氏の采配は高校野球では珍しく、本来なら高確率で次の塁にランナーを進められる戦術の送りバントを多用しない。数字を見ても、２０１６年の作新学院は犠打の数は優勝校としては珍しく1桁だ（図12）。**送りバントは試みる選手に心理的なプレッシャーを与えてしまうため、一般に言われるほど有効ではない**というのが、小針氏の考えだ。

小針氏は「成功して当たり前、決まって当然だと思われる送りバントは、高校生のメンタルからするとどうなのか、と考えたんです。たとえば1点を追いかけている状況で送りバントのサインを出して、ミスが起こる。もちろん、バントもきっちり、こなせる選手になってほしいけれど、『できて当然』という考えはプレッシャーを誘発し、普段の動きをできなくなる原因にもなります[LXVI]」と

【図12】甲子園優勝校　犠打数（2000年春〜2024年春）

年	優勝校	犠打数
2000年春	東海大相模	22
2000年夏	智弁和歌山	21
2001年春	常総学院	15
2001年夏	日大三	20
2002年春	報徳学園	18
2002年夏	明徳義塾	24
2003年春	広陵	12
2003年夏	常総学院	17
2004年春	済美	9
2004年夏	駒大苫小牧	23
2005年春	愛工大名電	26
2005年夏	駒大苫小牧	20
2006年春	横浜	12
2006年夏	早稲田実	25
2007年春	常葉菊川	1
2007年夏	佐賀北	27
2008年春	沖縄尚学	16
2008年夏	大阪桐蔭	19
2009年春	清峰	19
2009年夏	中京大中京	21
2010年春	興南	15
2010年夏	興南	20
2011年春	東海大相模	9
2011年夏	日大三	21
2012年春	大阪桐蔭	9
2012年夏	大阪桐蔭	8
2013年春	浦和学院	12
2013年夏	前橋育英	14
2014年春	龍谷大平安	14
2014年夏	大阪桐蔭	11
2015年春	敦賀気比	18
2015年夏	東海大相模	13
2016年春	智弁学園	15
2016年夏	**作新学院**	**3**
2017年春	大阪桐蔭	12
2017年夏	花咲徳栄	27
2018年春	大阪桐蔭	9
2018年夏	大阪桐蔭	11
2019年春	東邦	8
2019年夏	履正社	14
2021年春	東海大相模	10
2021年夏	智弁和歌山	18
2022年春	大阪桐蔭	7
2022年夏	仙台育英	14
2023年春	山梨学院	11
2023年夏	慶応	13
2024年春	健大高崎	10

※「週刊ベースボール別冊若葉号」各年の選抜高校野球大会総決算号、「週刊ベースボール増刊」各年の全国高校野球選手権大会総決算号掲載データをもとに作成
※2020年は新型コロナウイルス感染拡大防止により交流試合のみの開催となったため未掲載

コメントを残している。さらに、小針氏自身は作新学院時代に2番を打っており、当時1番を打っていた岡田幸文《よしふみ》（元・千葉ロッテマリーンズ）が出塁すると、「決まって当たり前」の送りバントをしていた。原体験からもこの采配が生み出されていることがわかる。

また、彼にはポリシーがある。「私はバントのサインを出す際も、セーフティバント、セーフティスクイズと、**より攻撃的で難易度が高い手段を選びます。指示した作戦の難度が高くなるほど、選手ではなく、サインを出した私の責任が重くなりますから**」[LXVII]

小針氏がこれまでの監督人生の中で導き出した理論は、「**アマチュア野球の場合、メンタル面の要素がすごく大きい。メンタル次第で、結果が大きく変わる**」[LXVIII]ということだ。多角的な視点で長年強いチームをつくっている小針氏は就任後、高い勝率を記録し、２０１６年夏の甲子園で優勝を果たしている。左が小針氏就任時の作新学院の甲子園成績である。

・21勝13敗、春の甲子園に3回、夏の甲子園には11回出場。夏の甲子園優勝1回。

その声かけが〝判断できる人間〟をつくる

小針氏は選手が迷ってしまわないように声かけを実践している。「たとえば、『**ナイスバッティング！』と声をかけることで、選手は『そうか、今の判断で良かったのか』と理解します。**だから、褒める場面としかる場面のメリハリもはっきりつけています。大学野球や社会人野球と上のカテゴリー、そして野球を辞めて社会に出た後の人生でも、**しっかりと判断ができる人は社会に必要とさ**

れる。そんな人材を輩出してきたのが作新学院の伝統なので、そうなってほしいという思いを強く持っています」[LXIX]とコメントを残しており、**自分で考えてプレーをしてもらうことも選手育成で意識している。**日本ではセオリー通り型に当てはめることはウケがいいが、小針氏は大局観を持って選手の人生を考えた上で、プレーを尊重している。

さらに、**判断ができる人間になれるように、野球部の活動を通じて自信をつけてもらいたい**と話している。野球をする中で「苦しいこと、辛いこと、上手くいかないこと」を乗り越えることで、自信が持てるようになるという。加えて、目標を立て、それを達成できたかどうかを大事にしており、**目標に向かって全力で取り組んだ経験は、社会人になっても価値があると話す。**高校野球を通して目標達成する力や人間力を磨くことも、教育者として重視していることがわかる。

エース今井達也に課した〝2つの制約〟

2016年の夏に急成長を遂げて、夏の甲子園優勝に大きく貢献した今井達也（現・埼玉西武ライオンズ）に関しては、**「チームのために投げる意識」**を与えてきた。それにより、球速にこだわっていた部分がなくなり、制球も意識するようになった。

小針氏は「個人的な意見ですけれど、球が速い投手は監督にとってみると、決して面白くないんですよ。フォアボールか三振という両極端の結果となりがちで、試合全体で見た時にプラスになることが少ない。そういう意味ではかつての今井も〝使いたくない〟投手でした」[LXX]とコメントするように、安定感がない投手は、一発勝負が多い高校野球では、代え時を含めた起用法が難しい。

そのため、小針氏は今井に、練習試合に限り**140km／h超を出すのは禁止、8割の力で投げることの**2つの〝制約〟を課した。球速ばかりに意識が向いていた今井に、緩急を効果的に使えば十分に打者を抑えられることを学んでもらおうとしたのだ。

小針氏の狙いは功を奏し、今井は単に「球が速い」だけの投手から、**一皮むけて「勝てる」投手へと変貌していった。**「2年の時の今井は、3イニングは持たせられるくらいの選手でしたが、3年夏には9イニングを任せられる投手になった。単純に考えて、3倍成長したということです」[LXI]と述べるように、今井は制球力が向上し、夏の甲子園をほぼ一人で投げ切って優勝できるレベルにまで成長したのだ。また、**2024年センバツ開幕終了時点で40イニング以上投げた優勝投手は今井が最後である。**さらに、技術的な部分を見ても、今井のように速い変化球はもちろんのこと、落ちる球も投げなければ上位に勝ち進む高校を抑えることはできなくなっている。この時の今井は高校野球史上を見ても、トップクラスに入るピッチングをしていたのは確かだ。このように小針氏による意識付けがあったことで、作新学院は夏の頂点に輝いたように思える。

優勝チームに共通すること

面白いことに、小針氏の高校野球への概念やチームビルディングの源泉は、長渕剛のライブから来ている。とくに、2004年夏に開かれたライブのDVDは、何度も見返しているそうだ。高校野球とライブは一発勝負の世界のため、普段の練習から試合のような緊張感で取り組まないと成果は生まれないという。これは、準備の重要さを物語っている。**試合でパフォーマンスを最大化するためには、普段からの準備が必要である。**これまで大きな結果を出したチームを分析すると、準備こそ最重要に思える。例えば、野球日本代表（侍ジャパン）は、直近の国際大会ではプレミア12、東京五輪、WBCでいずれも世界一に輝いたが、他国と比較しても圧倒的に準備に時間を割いていることがわかる。逆に、メダルなしに終わった北京五輪では、準備がほとんどできておらず、一方金メダルに輝いた韓国代表はシーズンを休止してまでも大会の準備をしていた。これは、野球以外にも活用できる非常に重要なポイントである。**様々な実践的なシミュレーションを想定しながら準備することにより、結果の再現性は高まっていく**というのだ。

小針氏は「1年目は栃木一の山、2年目は関東一の山、3年目は日本一の山[LXII]」と、長期計画を立てることの重要性を語る。それに加え、選手に「野球なんて全然教えていない[LXIII]」と言い切る。**自分の準備と覚悟を備えた上で、自主的に動くように促すことが、成長に繋がる**からだ。

小針氏が重要視する「即ブリ」とは

さらに、小針氏は振り返りも重要視しており、具体的には「なぜ打ち損じたのか、次の打席に向けた課題は何なのか。失敗の経験をどう活かすのか。そんな振り返りをベンチに帰ってくる前に、すぐ行うことを継続しました。失敗をいかに成功に繋げるか、ということを普段の練習や試合の中で取り組んでいます」[LXXIV]とコメントしている。これが2016年の優勝チームで1年を通じて行ったルーティンワーク「**即ブリ**」だった。技術面もさることながら、野球自体に対して深く考えることの方が重要である。そう考えた小針氏は、自らのマインドをチームに伝えると同時に実践した。「即ブリ」という言葉からは、素振りのような特訓を連想するかもしれないが、そうではない。「振り返る」という意味での「即ブリ」である。これは、**凡退に終わった打席の後、すぐにその原因をベンチ横で1、2分かけて振り返る取り組み**だ。ミスや失敗を次に活かす試みといっていいだろう。

このように、**小針氏が若くして作新学院を強豪校へと復活させたのは、結果を出すために長期的かつ緻密《ちみつ》な準備をして選手達と伴走した結果といえる。**そして、練習から本気で取り組むことが、長年強さを見せているそのチームビルディングにも活きているのだろう。

● 変革の土台にあるのはあくまで〝基礎〟

小針氏のチームビルディングにおける最大の特徴は、作新学院の伝統を変えてでもバント戦術などの正攻法のチームから**打撃中心の超攻撃的なチームにしたことである。**これは、彼の「**失敗よりも成果で見るマネジメント術**」に繋がっているのだ。また、スカウティングに関しては、ほとんど地元栃木の選手に入部してもらっている。ただ、県外の選手でも、中学2年から熱烈に入部希望をしていた選手もいたようで、そのように熱量がある選手は大歓迎するようである。小針氏は、作新学院という伝統校で若い時期から指揮を執っているが、伝統に囚《とら》われることなく、長年安定して勝てるチームづくりをしている。なお、「超攻撃型野球」を提唱しているが、**意外にも、調子の波が少ない守備・走塁をベースに考え、その上で打力と語っている。**これは、自分達から崩れないことを意識しているため、まずは土台をつくっていく意図が感じられる。守備と走塁は、新チームになってから最優先で鍛えていくため打撃よりも優先度は高い。小針氏の特徴でもあるチームの打力に関しては、夏までに伸びてくれればとコメントしており、**中長期的なスパンでの成長を考えている。**チームの主将の決め方も基本に忠実であり、野球に対する取り組みや姿勢で決めている。チーム全体の意識でも、**「無責任なプレー」をしないことや、「チームで戦っている」ことの重要性**を強く主張している。

このように、小針氏はチームビルディングに関してセオリー通りの取り組みをしている。**土台がしっかりしているからこそ、毎年栃木県でトップクラスの強さを誇り、攻撃型のチームとして小針氏の色をつけることができているのだろう。**

若くして頂点に立った後も、小針氏がさらに強いチームを見せてくれることに期待していきたい。

ポイントひとつかみ

小針監督がやること・やらないこと
やること：失敗をすぐに振り返ってもらう
やらないこと：前例を疑わずにこれまでのやり方を踏襲する

【まとめコラム】

小針監督と作新学院のこれから

当時、古豪といわれていた作新学院を26歳の若さで甲子園に導き、33歳で夏の甲子園の頂点に立ったのが小針氏だ。若き名将の指導は至ってシンプルだ。**すぐに振り返ること、準備と覚悟の徹底、目的意識の共有**を選手にさせるのだ。特に、選手には失敗を振り返させることで、課題改善の姿勢を植え付けている。また、選手達には長期的な計画を伝え、準備の意識と覚悟を持たせているのだ。意識の部分で共通認識を持ってもらい、選手達をレベルアップさせるのだ。また、小針氏は、選手とのコミュニケーションを重視し、よく観察をしている。そのため、調子がいい選手を見極める観察眼も高いものがある。2016年の優勝の立役者である今井の覚醒も、小針氏のアドバイスから生まれたものであり、一気に世代最高峰の投手にまで成長させた。**采配面ではバントをしない超攻撃型野球で勝ち上がっているが、低反発バットの導入によって、どのような対策をするかが注目される。**ここで打開すれば他校と大きく差別化されたチームをつくれるだろう。

コンビニ店長から甲子園準優勝へ明豊・川崎絢平の「認めるコミュニケーション」と「凡事徹底」

選手時代に強豪校・智弁和歌山で過ごした3年間で、優勝、ベスト4、ベスト16を経験し、名将高嶋仁《ひとし》氏の下で学んだ川崎絢平《じゅんぺい》氏が、大分県・明豊の監督に就任すると、同校は2019年から特に安定した強さを見せている。2019年は監督としてセンバツ初出場でベスト4、2021年はセンバツ準優勝という優れた結果を残した。川崎氏就任時と前任者の明豊の甲子園成績は次の通りになる。

・和田正氏就任時：1勝1敗、夏の甲子園に1回出場。
・川崎絢平氏就任時：12勝8敗、春の甲子園に4回（交流試合含む）、夏の甲子園には4回出場。春の甲子園準優勝1回。

就任後、明豊の成績は伸び続け、2019年センバツでは、横浜の及川《およかわ》雅貴（現・阪神タイガース）を攻略して勝利し、勢いそのままベスト4を記録する。

2021年のセンバツでは、**「チーム史上最弱」といわれていたが、球数制限が設けられて初め**

ての大会ということもあり、京本真《まこと》（現・読売ジャイアンツ）・太田虎次朗《こじろう》・財原光優《さいはらあきひろ》の投手陣と鉄壁の守りを活かしたチームビルディングで勝ち上がった。

また、小園健太（現・横浜ＤｅＮＡベイスターズ）を擁する市立和歌山やその年の夏に準優勝した智弁学園（奈良）に勝利し、畔柳亨丞《くろやなぎきょうすけ》（現・北海道日本ハムファイターズ）擁する中京大中京を下すなど、準優勝したチームに相応しい強さを見せた。**この大会で明豊は、史上初となる5試合連続無失策を記録するなど注目度が急上昇。**

一気に明豊を強豪校に引き上げた川崎氏は、選手時代エリートコースを歩んでいた。しかし、智弁和歌山から立命館大に進んだ後、社会人野球の名門チームに入社が決まりかけていた時に、受け入れ側の都合で話がなくなってしまう。そこで、和歌山のスーパーチェーン「マツゲン」に入社し、地元のクラブチーム和歌山箕島球友会でプレーを続ける。

このスーパーでの経験が後の指導者人生の礎となる。大学までは申し分のない野球人生だったが、初めて野球以外の世界に触れることで、考えや視点が変わる機会になっただろう。

また、マツゲンを退社後、コンビニチェーン・ローソンの店長を務めることになり、店長として何より苦労したのが「アルバイトの管理」だ。突然、バイトの店員が休んだ時の対応をどうするか。頭ごなしに叱責《しっせき》しては関係が気まずくなる。川崎氏は気持ちよく働いてもらい信頼関係を構築するための努力を惜しまなかった。**コンビニ勤務で今どきの若者との距離感の取り方やコミュニケーション術を学んだのだ。**

ローソンの店長を務めながら、地元の中学生のコーチをしていると、智弁和歌山のコーチを頼まれる。母校の恩師、高嶋氏が「中学生を見てるなら、うちでやってみいひんか」[LXXV]と手を差し伸べた。そこで3年間、のちにプロで活躍する岡田俊哉《としや》（現・中日ドラゴンズ）や西川遥輝《はるき》（現・東京ヤクルトスワローズ）らを育てた。智弁和歌山でのコーチの仕事を終えてからコンビニに戻り、深夜業務もザラだったそうだ。

しかし、家庭の事情もあり大分に転居する。大分ではパソコン教室に通い、仕事を探していた最中、大分東リトルシニアの球団会長に拾われるかたちで、投球解析ソフト販売代理業務を始めつつ、大分東リトルシニアのコーチとしても野球の現場に携わることになる。

その後、球団会長に「お前はこんなところにいる人間じゃない。ちょっとあちこち聞いてみるから」と言われ、まもなく「明豊が指導者を探しているらしい」と明豊に入ることになる。それから2012年の夏が終わったタイミングで監督に就任し、〝川崎の明豊〟が徐々に出来始める。

●「認めて伸ばす」コミュニケーションはどう行うのか？

川崎氏は練習で「普通」をとことんやり切ることを重視する。目新しい取り組みではなく、「普通」のことを地道に積み重ねることでチームが徐々に力をつけ、就任後7年経ち、明豊は本格的に花開いたのだろう。川崎氏は、**特別なことをやるよりも、「普通」のことをどれだけ突き詰めてやれるかが大事**だと考えている。

また、智弁和歌山で過ごした選手時代に反復練習を繰り返しており、その経験から当たり前のことをしっかりやるのが重要であると意識している。だからこそ、**「凡事徹底」**を指導方針に掲げ、あれこれ手を広げるよりも、「投げる、打つ、守る」といった基礎の反復練習を第一に取り組んだ。

川崎氏の選手達に対する指導法は、**「認めて伸ばす」**ことだ。褒めるよりも認めることにより、選手の自主性を伸ばすのである。さらに、「これをやれ」と押し付けることは、反発心を抱く選手が出てくると予想されることから、選手とコミュニケーションを取る時は、**ワンクッションとなる言葉を入れて伝えることを意識している。**

具体的には、「お前にしかできないことって、こういうことでしょ」や「お前のこういう部分を期待しているから、お前がいないとみんなが困る」と一言添えているようだ。その一言により、**選手達は「俺のことを見てくれている」と安心する。**このように接することで、選手達はモチベーションを維持し続けることになるだろう。川崎氏のコミュニケーションを見ると、現在の学生に向けて非常に効果的な接し方をとっていることがわかる。

また、選手やスタッフとの距離感も意識しているようだ。選手達にとって、何が一番必要なのかを重要視しながら、コミュニケーションを取っていくのである。スタッフを含めたコミュニケーションの場合は、指導者によって選手のフォームに関する意見が割れると戸惑わせるリスクがある。**そのため、専門領域で役割分担を設けることや、異変が起きた場合はすぐに報告をしてもらうなど選手達を第一に考え、スタッフとの連携を構築している。**

さらに、川崎氏は保護者との関係性も大事にしている。まず最初の段階で明豊のルールを伝える。具体的には、練習を見学するのは自由だが、見学できるスペースは限られているということ。また、「練習中は子どもさんに声を掛けないでください」ということもお願いしているという。こうして、保護者のケアもしながら選手を第一に考えて、強いチームをつくっていることがわかる。

チームビルディングと起用法の原点は高嶋監督

チームビルディングに関しては、守りを中心に考えている。また、入部する選手には「**走れて守れて、動ける選手**」**を前提として求めている。**これは、いくらホームランバッターでも、動けない選手は改善が難しく、**逆に打つ方は入部後も何とかなるからだ。**

守りを重視することは、高校野球で勝ち抜く鉄則ともいえるが、これは強打のイメージが強い智弁和歌山で指揮を執っていた高嶋氏に「**結局は守りだ**」と言われたことも影響しているだろう。智弁和歌山の技術練習は、毎回ノックから入っており、川崎氏は選手時代、自身の守備力を高嶋氏に買われた。だからこそ、その原体験が活かされているのだろう。

さらに、川崎氏は「甲子園を目指すなら守備力、甲子園で勝つことを考えたら打撃力も大事。**しかし、打撃力をベースにすると甲子園が遠のく**」と実感している。昨今、明豊が勝ち上がっている時は打撃力ばかり注目されるが、**実は投手を中心とした守備力が高いチーム**である。

実際に2019年秋季九州大会では創成館に勝利したものの、無失策で攻めをいなし続ける相手の守備力を見て、「こういう試合をしながら勝ちたい」と思ったそうだ。この創成館のスタイルを、一つのベンチマークとして意識した。この考えがベースにあるからこそ、2021年のセンバツでは、3人の投手陣を中心とした守備力が高いチームで、無失策を記録したのだろう。これが、川崎氏が目指す理想的な勝てるチームなのがわかる。

また、**同じぐらいの実力であれば下級生を起用する方針も特徴的である。**これも、高嶋氏の影響だが、この方針により上級生から下級生まで競争心が生まれ、練習に打ち込む姿勢が変わるのだ。加えて、**実力のある下級生を実戦で起用することにより、中長期的なチームづくりも可能である。**

2019年に、センバツベスト4を記録したが、前年秋の九州大会では6人の1年生がスターティングメンバーを占めていた（結果は準優勝）。

さらに、メンバー外の選手にも、大会中の試合翌日に紅白戦を行い、そこで起用するなど実戦のチャンスを与えている。選手それぞれのモチベーションを保ちつつ、安定して上位まで勝ち抜けるチームをつくる礎は選手起用にあるのだろう。

また、信頼関係やチームワークも重要視しており、**しっかりとした学校生活を送らない選手や約束を守らない選手には、練習の参加を認めていない。**これに関しては、過去にドラフト候補として注目を集めていた選手に対しても、度々生活面での指導をしていたという。

最終的にはその選手は退部してしまったが、2015年夏の大分大会決勝で大分商の森下暢仁《まさと》

（現・広島東洋カープ）から唯一の得点となるタイムリーを放ったのが、退部した選手の代わりに台頭した選手だった。このように、**チームワークを意識したマネジメントで選手のポテンシャルを最大化しているのだろう。**

「情を挟んでいたら甲子園で勝てない」

実戦の戦い方に関しては、**常に接戦を意識したプランニングや、試合後半で勝負することを意識している。**川崎氏は、常に4―3や3―2といった接戦をイメージして試合に入る。相手との力量の差は関係なく、9イニングを戦うことを想定し、試合終盤の7～9回をどうやって攻め、守り抜くかをシミュレーションしているのだ。

さらに、最初から「想定外」を意識し、試合に臨んでいる。最終的に1点でも上回ることを意識するため、**想定すべきなのは大差ではなく僅差の試合なのだ。**特に、好投手と相対した時、僅差で勝つプランを再現することが求められる。

また、明豊といえば継投策のイメージが強いが、2番手以降の投手は、**イニングの頭からの継投を意識しており、走者がいないベストな状態で100%の力を出せるように起用している。**

加えて、**継投策には「情」を挟まないように意識**しているようだ。具体的には2017年夏の甲子園3回戦の神村学園戦だ。試合には勝ったが、継投策が失敗して苦しい試合になった。あの試合で先発した佐藤楓馬《ふうま》には、8回に「このイニングで最後だから、力を振り絞って頑張れ」と伝令を飛ばし、佐藤はリードを守ったまま投げ切った。

しかし、「まだ投げたいです」と佐藤が主張してきたため、それに応えるように「分かった！　じゃあ行け」と言って9回のマウンドに送り出した結果、9回に3点差を追いつかれてしまった。

この試合で、監督と選手、指導者と生徒との間の〝情〟は大事だが、**情に流されて勝てるほど甲子園は甘くない**とも感じたのだろう。以降は、早めの継投を意識し、「実際に早いタイミングで投手を代えて後悔したというイメージは、あまりないんです」[LXXVI]と話す。

一方、「逆に〝遅れたな〟と思って後悔したことは何度もあります。神村戦は迷って代えなかったことが失敗だったので」[LXXVII]ともコメントするように、**〝迷ったらすぐに代える〟という継投策になったのだ。**

プロ野球の世界でも継投策は非常に難しい。その中で、高校野球の最適解を見つけ出して、早め早めの継投を意識した後、川崎氏率いる明豊は甲子園でも勝てている。多くの高校が継投策や投手の複数人起用に苦しんでいる中で、過去の経験が結果に結びついているのだろう。

ポイントひとつかみ

川崎監督がやること・やらないこと
やること：下級生を優先して起用する
やらないこと：情に流された采配

【まとめコラム】

川崎監督と明豊のこれから

野球エリートからコンビニ店長を務めるなど、紆余曲折《うよきょくせつ》の野球人生を歩んできたのが川崎氏だ。智弁和歌山出身ということから、豪快な野球をイメージしている人も多いかもしれないが、守備を中心にした手堅い野球で、明豊を初の甲子園決勝進出に導いた。**「情」の采配が失敗を招いた経験からアップデートした継投策は、非常に素晴らしいものを感じる。**これまでの試合経過を振り返っても、継投戦略の采配は、全国トップクラスであることは間違いない。さらに、常に接戦を意識したゲームメイクをしているため、試合後半の勝負にも強い。また、野球以外で培った経験を上手く横展開し、選手のマネジメントにも活かしている。センバツに関しては、すでに強さを見せているが、ここからワンランク上の実力をつけていくために今後の課題は、夏の甲子園で勝ち進むことだ。

「個」と「チーム」をともに強くする 敦賀気比・東哲平の徹底した〝準備力〟

現在、北信越の雄・敦賀気比を率いている東《あずま》哲平は、選手時代に3度の甲子園に出場した。監督から部長になり、参謀役を務めている林博美氏とのコンビで、監督に就任した2011年から、敦賀気比を北信越で屈指の強豪校へと成長させる。

2015年のセンバツ準決勝では、前年夏（P46）のリベンジを果たすかのように、勢いのまま大阪桐蔭に圧勝し、最終的には北陸勢で春夏通じて甲子園初優勝という快挙を達成した。

東氏は松坂世代★21という若さで、すでに甲子園で20勝以上を記録している名将だが、「（自分の）勝利数には興味ないんです。ただ、甲子園の舞台でできるだけ最後まで残って試合をしたい」[LXXVIII]と話すように、**自分の実績ではなく、あくまで選手ファーストであることがうかがえる。**これは、「勝って選手にいい思いをしてほしい」といった想いからのコメントだろう。そんな東氏の監督就任時と前任者の敦賀気比の甲子園成績は次の通りである。

・林博美氏2勝3敗、春の甲子園に1回、夏の甲子園には2回出場

・東哲平氏21勝12敗、春の甲子園に8回、夏の甲子園には6回出場。春の甲子園優勝1回

東氏が、コーチ時代を含めて指導した選手には、2023年のWBCで大活躍した吉田正尚《まさたか》（現ボストン・レッドソックス）をはじめ、西川龍馬《りょうま》や山崎颯一郎《そういちろう》（ともに現オリックス・バファローズ）といった一流がいる。ちなみに、選手時代ではセカンドの名手として活躍した東出輝裕《あきひろ》（元・広島東洋カープ）と同期であり、2学年後輩には、後に巨人でエースとなる内海哲也がいた。それらの選手と一緒に過ごしており、甲子園を3回経験している。率いたチームの最高成績を見ても、センバツは優勝、夏の甲子園はベスト4を記録していることから、近年の高校野球の中では**「個」と「チーム」をともに成長させるバランスに長けている監督といえる。**

◎順調な船出と遭遇したピーキングの難しさ

東氏は、社会人野球を経て21歳という若さで北陸高校の監督を務める。その後は、中学生の硬式野球チーム全日本少年硬式野球連盟オールスター福井ヤングの監督、敦賀気比のコーチを経て、同校の監督に就任する。吉田の世代の最後の夏が終わり、林氏からバトンを引き継いだ。

新チーム発足後は、練習量を増やすことから始めたという。具体的には、朝練を自主性から強制

★21 「平成の怪物」と呼ばれた松坂大輔と同学年である1980年4月2日から1981年4月1日までに生まれたプロ野球選手の総称。藤川球児（元・阪神タイガース）、杉内俊哉（元・読売ジャイアンツ）、和田毅（現・福岡ソフトバンクホークス）ら多数のスター選手が誕生した。

にするなど、練習時間を含めて選手を鍛え上げた。その結果、1年目の秋季大会からいきなり明治神宮野球大会に出場する。さらに、翌年のセンバツ出場も決めるなど順調な滑り出しを見せる。

しかしセンバツは、初戦で優勝候補の浦和学院に大敗（2―10）する。この時に「新チームになってから私のやってきたことは間違ってなかったことは、選手達の頑張りによってわかった」と言う。一方で、「それを継続していくことの難しさも同時に感じていた」。これは、**選手のモチベーションやパフォーマンスのピークを大事な試合に合わせることや、高いパフォーマンスを発揮し続ける難しさを指しているのだろう。**高校生はまだ多感な時期のため、チームを一つにするだけで難しい中、大会に向けてピークを合わせることは大変な作業である。たとえ、監督が立派な目標を掲げても選手達がついてこなければ、結果もついてこない。そのため、監督と選手達が伴走するように成長し、チームをつくっていかなければ、重要な試合に勝ち切ることは難しい。

この世代は、センバツ出場までは非常に順調だったが、センバツ以降は苦しみ、夏の甲子園を目指した2012年の福井大会では福井工大福井に準決勝で敗れて甲子園出場を逃した。

ただ、私は東氏の指導からは**自身のキャリアの一貫性と選手への信頼性**を感じる。一貫性に関しては、選手時代の成功体験やこれまでの指導者としての経験を大いに活かし、選手を成長させることに非常に優れていると感じる。

●東監督から学ぶ指導者のあるべき姿

東氏は「**選手のせいにする指導者はダメ**」と言い、負けを人のせいにすることを嫌う気質だ。高校野球には「この子は○○がダメだから、それが原因で負けてしまった」という指導者もいるそうだ。しかし、東氏は選手の模範である指導者がそのような発言を絶対にしてはならないとしている。

また、選手の技術的な部分はもちろんのこと、生活態度を正す努力を求める。そのため、**敦賀気比ではほとんどの選手が寮生活をしているそうだ。**この寮生活も、完全無欠の優等生を求めているのではなく、緩めるところは緩め、締めるべきところは締める**メリハリを重視**しており、軍隊のようにお辞儀を腰のところまで下げることなどは求めていないそうだ。ただ、社会に出た時に非常識な人と思われないように、普通のことを普通にできるような指導を常々意識している。

東氏はこれからの時代は、「野球だけ上手ければいい」という考え方は通用しないと思っている。監督としてのこれまでのキャリアを振り返っても、**野球だけ上手くなることを考えている選手は、絶対に上手くならないと感じているそうである。**

このように、野球が上手くなることを目的にするのではなく、野球を通じて人間的にも成長し、社会に出ても通用する、常識を身に付けている人間になることを求めている。

さらに、「**私のやり方が通じなくなったら、その時は監督を辞める**」[LXXIX]という自身の指導に強い覚悟と信念を持っていることが感じられる。高校時代、選手達はピンとこないかもしれないが、この発言から東氏が選手を第一に考えていることがわかる。

長所を削るぐらいならヘタに短所は直さない

東氏の育成方法とチームビルディングは、どの時代でも再現性が高いものである。育成方法は、選手のいいところを見つけて長所を伸ばすことだ。全国の強豪校と対等に戦うための育成戦略を考えた上で、選手達の長所を徹底的に伸ばすことに比重を置いている。そして、**「この欠点を修正したら、長所が削られる恐れがある」というリスクが考えられるケースでは、そういった選手の欠点は絶対にいじらない**そうだ。

加えて、入部する際に、その選手の長所と短所についてのデータをスタッフ全体で共有しているようである。さらに、データを東氏とスタッフが情報共有しながら、その選手の伸ばす部分や方向性をさらに絞っていく。2年半の間は、それを繰り返すのだ。

コーチングの部分では「**教えすぎないこと**」を意識している。これは、選手自身が考えるように導くためだ。例えば、打撃フォームに関しても、長年のクセがあれば、動画を撮影して選手自身にチェックさせて**客観視して理解してもらい、修正を積み重ねていくように指導をしている。**このように、地道な作業を継続し、どの世代・どの時代においても高い再現性を持って修正のアプローチを行うことが可能なのだ。

「強さの伝承」で勝てる集団をつくる

東氏のチームビルディングは、**「核となる選手をつくり、チームを成熟させていく」**方針を採る。東氏は、各学年の中で核となりそうな選手を1~2人つくる。核となる選手の条件は、エースや4番打者を担える実力またはキャプテンシーを持っていることなど、そのような選手を1人はほしいと語っている。そして、1年生からベンチ入りさせ、スタメンクラスの上級生たちとコミュニケーションを取ることで直接学んでもらうのだ。そして、その選手が3年生になった時に下級生の見本となる。**そのサイクルを代々引き継ぐことによって、中長期的なチームづくりができるのだ。**

チームの方向性としては、シンプルである。ベースとなるのは**「守り勝つ野球」**だ。基本的には守備を重視して、「負けないチーム」をつくる。そのため、新チームになりたての時は、練習の比率は「守備6：打撃4」で、12~2月は「守備7：打撃3」、3月以降は「守備6：打撃4」と実戦が近づくにつれて徐々に配分が変化していく。そして、夏の大会前には「守備5：打撃5」と均等になるのだ。

さらに、県外の選手を積極的にスカウトしており、敦賀気比は「外国人部隊」といわれることもあるが、その点に関しては気にしないという。むしろ、**甲子園で勝ち進み「敦賀気比で野球をしてみたい」と感じてくれる人が増えたらいい**と思っているそうだ。未成年ながら親元を離れてでも、自分を高める意思がある選手達を尊重すべきだと考えていることが背景にある。

また、「勝てる集団」をつくるには**「強さの伝承」**が一番大切だと語り、「甲子園はどういうところなのか。甲子園に行くためには、普段からどうしていかなければいけないのか。全国制覇するためにはどのくらいの覚悟が、そして厳しい練習と努力が必要なのか。それを先輩から後輩へ。この流れを絶やすことなく、脈々と続けていくことが、『勝てる集団』をつくっていくのだ」と話す。

試合2時間前に球場に到着するワケ

東氏は「（野球は）準備の繰り返しのスポーツ」と言うように、これまで登場した監督と同様、準備を重要視し、普段の練習のみだけではなく、**日常生活の中でも常に「準備」を意識することが大事**とコメントしている。普段から「準備不足」のチームに勝機はないのだ。実際、敦賀気比は公式戦前のアップにはとても時間をかけている。午前9時試合開始と仮定するとその時間から逆算し、**2時間前には球場に到着する。**

さらに甲子園で試合がある場合、午前9時に試合開始だと、4時頃には拠点のグラウンドで練習を始め、5時半過ぎに出発。甲子園に到着した後、同球場には室内練習場があるため、アップ、キャッチボール、軽いバッティング練習、守備練習を行う。このように、試合直前だけでなく、各自がしっかりと身体を動かせる状態をつくってから球場に移動するのである。

このように、試合でベストパフォーマンスを出せるように普段の生活や練習から「準備」を大事にするのだ。だからこそ、日常生活とグラウンドの練習は繋がっていると東氏は語る。高校野球の場合、公式戦は朝の時間帯から夕方まであり、不規則である。第1試合ならまだしも、それ以外の試合は開始時間が前後することが多いため、逆算して調整することが非常に難しい。そのような状況でも普段からシミュレーションをしながら、動いているからこそベストな状態で試合に臨み、結果に結びついているのだろう。

また、大会に向けた練習試合では、近畿・中部・東海エリアを中心に幅広く試合を行っている。これは、**各地域を研究しながらチーム力を高めていく意図**があるのだろう。東氏は、「関西はガチンコで来るところが多く、愛知は学校によって色合いが異なり、小技を駆使するチームもあれば、細かいことをせずに真っ向勝負を挑んでくるチームもある」とコメントしており、各地域の傾向を分析しながら、公式戦に向けてピークを迎えられるようにしていることがわかる。

東氏は「甲子園には勝ち方がある」という。それは、**普段と変わらず、同じことを淡々とこなせるか**である。甲子園に慣れていないチームは舞い上がってしまい、結果を出せない。そのため、**選手達が普段通りの精神状態で臨めるように、指導者が上手くサポートすることがポイントになる。**

ポイントひとつかみ

東監督がやること・やらないこと
やること：短所を改善するより長所を伸ばすことを意識する
やらないこと：敗戦を選手のせいにする

【まとめコラム】

東監督と敦賀気比のこれから

敦賀気比を全国屈指の強豪校に成長させたのが東氏だ。東氏の功績はなんといっても、2015年のセンバツで、北陸勢として春夏通じて初の全国制覇を達成した点だろう。特に、2014年から2015年は「黄金期」といっても過言ではない。**この強さには、東氏が1年生をベンチ入りさせ、中長期的なチームビルディングをしたことが一番の要因だ。**結果的に、ベンチ入りさせた選手が3年生になった時に、毎回核となる選手に成長していることで、チームは安定した強さを見せている。方向性はいたってシンプルな「守り勝つ野球」で、練習量の配分からも守りを重視していることがわかる。また、日々の練習はもちろんのこと、実戦に合わせて準備し、ピーキングする東氏の手腕によって、甲子園でも高いレベルのプレーを再現している。なお、近年の敦賀気比は甲子園の上位進出からは遠ざかっている。そのため、2010年代に北陸勢初優勝をしたときのような〝強い敦賀気比〟の復活に期待していきたい。

第3章

組織の力を最大化させる「チームづくり」の達人たち

批判を呼んだ発言に隠された
下関国際・坂原秀尚の圧倒的な熱量と覚悟

熱量が凄《すさ》まじい監督といえば、下関国際で指揮を執る坂原秀尚氏だろう。新興勢力でありながら、2022年夏の甲子園で大阪桐蔭に勝利し、準優勝に輝いた。

そして、今では、U—18日本代表のコーチに就任しているが、これまで茨の道を歩んできたのは間違いない。坂原氏は広島国際学院高（旧・広島電機大付）から広島国際学院大（旧・広島電機大）を経て、社会人チームのワイテックで5年間プレーしている。野球への熱量だけは人一倍あったという。

その後、下関市にある東亜大で教員免許を取得し、**2005年、下関国際の監督に就任した坂原氏はゼロからチームを立て直し、なんと2017年夏には甲子園に初出場する。**

そして、2022年夏の甲子園の舞台では、この年に明治神宮野球大会、センバツ、国体の**主要大会で三冠を記録することになる大阪桐蔭相手に劇的な逆転勝利を演じる。**その後、この大会では同年センバツ準優勝の近江に勝利するなど、勢いのまま準優勝に輝いた。左が下関国際の甲子園成績である。

・7勝5敗、春の甲子園に2回、夏の甲子園には3回出場。夏の甲子園準優勝1回　※坂原氏就任前は甲子園出場なし

◎下関国際野球部の歴史は1通の手紙から始まった

「給料はいりませんから、野球の指導をさせてください」

その手紙は下関国際の校長室にある日、突然届いた。差出人は「坂原秀尚」。

「こんな人がいるのか？」。当時校長で現理事長の武田種雄氏は言った。

前代未聞の展開で、下関国際野球部の歴史は動き出す。当時、グラウンドには雑草が繁茂して、道具も散乱していた。部員も数えるほどで、まともな練習はしていなかった。不祥事で監督も不在。そんな状況を見かねた**坂原氏が立て直しを志願したのだった。**

手紙を出した時、坂原氏はまだ教員免許を持っていなかった。学校側も教員として採用はできない。それでも武田校長はその熱意を買った。

監督に就任した2005年8月当時の部員は11人。環境、道具、人員、何も揃っていない中でのスタートだった。坂原氏はそんなチームを再生させるべく**「できないまま帰らせると、次の日が苦しくなる」**[LXXXI]**と、できるまで選手に教え込んだ。**過酷さから練習に来なくなった選手を家まで迎えにいったりするのは「就任当初はしょっちゅうでした」[LXXXII]と語る。ただ、「やり切ることを教えたかった」[LXXXIII]というように、**坂原氏も覚悟を持っているからこそ、選手達の心にも響いたのだろう。**

「弱者が強者に勝つ。だから人生は面白いんだ」。これが坂原氏の口グセだった。いつもそうやって、生徒たちに熱く語りかけていた。戦力が潤沢でない頃から熱量の高い指導を行い続けてきたのだ。その愚直な姿勢が結果に結びつき、2017年の夏に悲願の甲子園初出場を達成。通算3度目の出場となった2018年の夏には、初勝利を含む3勝を挙げベスト8まで進出した。

◎今のトレンド「文武両道」「楽しい野球」を目指さない理由とは？

坂原氏は、就任当初からどんな時でも敗因を選手には押し付けなかった。さらに、戦力が明らかに足りない年でも「今年は戦力がいないから厳しい」といった弱音も吐かないそうだ。

「選手達の人生を預かっているので、自分から途中でチームを去るつもりはまったくないです。嬉しいことに、今では『下関国際で野球がしたい』と入ってきてくれる選手がほとんど。その思いを裏切ることはできません」[LXXXIV]とコメントをするように、選手を第一に考えて育成をしている。

また、坂原氏には揺るがない一つの信念がある。**大きな批判を呼んだ「一つの物事に集中して取り組むことができなければ、大きな目標は達成できない」という価値観だ。**

「何か一つの分野を極めようと思ったとき、〝片手間〟でやっても成功することはできないと思っています。脇目を振らずに一つのことに打ち込むことは、決して否定されるものではないとも思うんです」[LXXXV]と言うように、**まずは自分が決めた一つのことを極めることに重点を置いている。**この信念や考えから文武両道は難しいと考える。

また、「他校の監督さんは『楽しい野球』と言うけど、嘘ばっかり。楽しいわけがない。僕は現役のとき、日々の練習で野球が楽しいと思ったことはなかった。**『楽しく』という餌をまかないと**

（選手が）来ないような学校はちょっと違う」[LXXXVI]というように、ゼロからスタートし長年選手と向き合っているからこそ、育成の仕方についても厳しい発言が見られるのだろう。

選手に対しては、技術面の成長だけではなく、**野球を通して人間的な成長を求めている。**実際に2015年のチームで、主将かつエースで4番を担った小山司は、「野球はもちろんですが、監督さんに『人はどうあるべきか』『男としてどう生きていくべきか』を教えていただいた、示していただいた毎日だったと思います」[LXXXVII]とコメントしているように、一人の選手が、高校野球を通じ人間として成長したことがわかる。この小山は入学後、問題行動を起こし、退学の危機まであったそうだ。しかし、不祥事などのリスクがありながらも、坂原氏は小山を野球部に入部させ、紆余曲折を経て、小山は中心選手にまで成長したのだ。このように、**坂原氏はリスクをとりながらも改心させることを諦めない。**選手としてはもちろんのこと、一人の人間としても生徒を成長させているのだ。

雑草軍団が最強・大阪桐蔭を超えた日

坂原氏が率いる下関国際の名が全国に轟いたのは、やはり2022年の夏だ。

当時は出場校の中で、決して下馬評が高いとはいえないチームだった。しかし、富島《とみしま》の日高暖己《あつみ》（現・広島東洋カープ）や大阪桐蔭の前田悠伍、近江の山田陽翔《はると》（現・埼玉西武ライオンズ）ら好投手を攻略し、準優勝に輝いた。この世代を坂原氏は〝勝負の世代〟と称していたが、2021年の秋季中国大会では準々決勝で広陵に敗れて、惜しくもセンバツ出場はならず。その悔しさを晴らすかのように、翌年の夏の甲子園では決勝まで勝ち上がったのだった。

特に、準々決勝の大阪桐蔭戦では、凄まじい死闘を演じた。先発の古賀康誠が苦しい立ち上がりになり、初回に2点を失う。しかし、強打の大阪桐蔭相手に5回2／3を4点にまとめたことにより、1点差でリリーフの仲井慎《しん》にスイッチができた。試合前に、坂原氏は左腕の前田ではなく**右腕の別所孝亮《こうすけ》が相手の先発だったことが、「嬉しい誤算」だったと感じている。**

「初戦（トーナメント上は2回戦）で、富島の日高（暖己）くんを、ウチの選手があまり嫌がっている感じがなかったので、それを見て、右投手の速球なら、ある程度ついていけるかな……と思ってはいました」[LXXXVIII]というように、その試合では13安打を記録し、速球派の右投手を攻略していたのだ。

その自信もあり、打線も大阪桐蔭のような派手な長打攻勢はなかったものの、別所にプレッシャーをかけるように、**無駄のない攻撃で得点を積み重ねた。**5回表の攻撃では、先頭打者を四球で出塁後にしっかり送り、得点圏にまで進めたら進塁打で三塁に進めて、当たっていた2番打者、松本竜之介のタイムリーで得点していた。このように**基本に忠実なかたちで得点するのが下関国際の強みだ。**その後の下関国際は、5回裏の大阪桐蔭の攻撃の際に失点に絡むエラーはあったものの、攻撃のミスなどはほとんどなく、出塁すれば得点圏にランナーを進めた。こうした着実な攻撃が、大阪桐蔭に対して**「下関国際相手では四球すら許されない」というプレッシャーを与えたように思える。**

大阪桐蔭の追加点のチャンスを乗り切ったのも、下関国際に勢いをつけた。7回裏は大阪桐蔭のバントミスによるトリプルプレーに助けられ、8回裏は一死二、三塁のピンチを仲井が大阪桐蔭の

2番谷口勇人と3番松尾汐恩を連続三振に斬ってとり、チームに勢いをもたらした。

9回表の下関国際打線は、疲れが見え始めた大阪桐蔭の2番手前田の外角攻めや外に逃げるスライダーを狙っているように感じた。この回は、1番の赤瀬健心と2番の松本の連打からチャンスを広げたが、両打者ともに外に逃げるスライダーを打った。松本は赤瀬が出塁したことからバントをするそぶりも見受けられたが、追い込まれてからスライダーを当てレフト前に運んだ。

当大会はバントミスが勝負を決する場面が多かったが、その分バントのミスで追い込まれたらバスターなどの戦術でそのミスをリカバリーするチームが勝ち上がっていた。この場面の松本はバントミスではなかったものの、追い込まれてからの柔軟さを見せた。

そのランナーを3番の仲井がしっかり送り、4番賀谷《かや》勇斗は初球のスライダーを狙ったがファール。大阪桐蔭の外野のシフトが左寄りだったことも踏まえて、左打者の賀谷は外角に張っていたのだろう[★22]。2球目の外に外れた145km/hの球を見逃し、3球目の少し緩くなった139km/hの真ん中寄りの外角のストレートをセンター前に運んで逆転タイムリー。**そのまま5対4で大阪桐蔭に勝利した。**高校野球のレベルであれば、外角攻めをすれば長打は避けられるというのがセオリーである。**しかし、下関国際は「当てただけでも飛びやすい」という金属バットの特性を上手く活用**

★22 大阪桐蔭の外野のシフトが全体的に左に寄っているということは、左打者が外角を流してくると想定した守備位置と考えられるため、その意図を読み取り、賀谷は外角を張ったのだろう。これは投手前田の制球力が高いことも外角を張れた要因の一つと推測できる。

し、単打で繋いでいった。さらに、この大会では他校と差別化するように、ノーステップ打法★23を取り入れており、それを徹底した結果ともいえるだろう。初見では簡単に打てないといわれる前田の外角に逃げるスライダーやストレートを各打者が2打席以上見られたことも、このような勝ち方ができた要因だろう。準決勝の近江戦では、大会NO.1右腕の山田陽翔を攻略する。選手によっては「見逃し三振でもいいから『待て』のサインを出し、見極めさせる」と坂原氏が指示するなど、**作戦をやり抜く姿勢を貫いた。**またこの大会、山田の直球が高めに浮く傾向をわかっていたかのように、相手の失策で出塁後、3番の仲井が外角高めのストレートを弾き返して先制。3回表もこの回の先頭打者、山下世虎《せとら》が、外角高めの浮いたスラッター★24を右に弾き返して出塁。追加点に結びつけた。2点のリードを追いつかれた後の6回表も、2つの四球と野選（フィルダースチョイス）★25でチャンスを広げると、一死満塁から7番の森凜琥《りく》が148km／hの外角高めのストレートを弾き返して勝ち越した。試合序盤から、徹底して山田の浮き球を狙っていたことがわかる。山田が変化球を主体にピッチングを組み立てた回の下関国際は得点ができていなかったものの、**浮いた球を投げたところを逃すことなく得点して山田を攻略。**

　継投においても、**流れが近江に傾き始めた2回で先発の古賀を降ろし、仲井をロングリリーフさせる思い切りのよさを見せる。**結果的に仲井は8イニングを投げ当大会最長のロングリリーフになった。一見博打《ばくち》にも見える采配でも、仲井はものともせずに近江打線を抑えて見事近江を下した。

　この2試合に関して坂原氏は、「覚悟と勇気を持って動きさえすれば、強豪校にも勝てることを学ばせてもらいました。特に準々決勝と準決勝は、選手たちは本当によく戦ってくれました」[LXXXIX]とコメントしている。当大会の下関国際の傾向としては、先発を任された古賀が初回は苦しむものの、その後はある程度ゲームメイクができたため、リリーフの仲井に負担がかからなかった。このことも下関国際が決勝に進むことができた要因だろう。**格上の相手との試合を制した裏側には、基本的なプレーがしっかりできる選手達の実力と精密な戦略があったのである。**

下関国際は惜しくも優勝こそ逃したが、坂原氏は「ウイニングボールどころか、それより大切なものを貰ったので十分です。彼らと過ごした2年半です」[XC]と選手達を称《たた》えた。

必然だったジャイアント・キリング

下関国際が2022年夏に実現させた、高校野球の醍醐味《だいごみ》である**ジャイアント・キリング★26は偶然ではなく、必然だと感じている。**「高校野球は諦めないこと。2年4カ月のどこで子供たちが成長するかわかりません。今年は決勝まで勝ち上がってくれたことで、その想いを証明してくれました。

★23 足を上げずに体重移動を始める打ち方で、ピッチャーとのタイミングを合わせやすいが、飛距離が出づらいという難点もある。
★24 速度・曲がり幅ともにカットボールとスライダーの中間に位置する変化球。
★25 フェアゾーンに飛んだゴロを扱った野手が一塁で打者走者をアウトにする代わりに、先行した走者をアウトにしようと他の塁へ送球するプレー（この場面では先行した走者をアウトにできなかった）。
★26 格下が番狂わせを起こし、格上の強豪を倒すこと。

今後の指導に活かしていきたいと思います」[XCI]と坂原氏がコメントするように、時として**高校生は大きな成長を見せる。それは、夏の大会までに圧倒的な練習量や実戦の成果があるからこそ。**大阪桐蔭戦に関しても、最終的に下関国際が準優勝に輝いたことから、厳密にジャイアント・キリングとまではいえないかもしれないが、超強豪校・大阪桐蔭に勝利したことによりメディアは大きく取り上げた。この試合は、両チームとも選手の基礎能力の高さと勝負強さが光った。前述のように、プロ注目・当時2年生左腕の前田悠伍の外角のボールを狙い打ちするなど、下関国際打線は完全に攻略。これはまさに戦略勝ちではあるが、そもそも下関国際の打線がトップレベルの投手を連打できる打力や、リリーフの仲井が大阪桐蔭打線を力でねじ伏せられる**実力があったからこそ大阪桐蔭に勝つことが出来たのはいうまでもない。**

それだけの地力があり、僅差に持ち込めたからこそ、球場が下関国際を後押しするかたちとなり、逆転劇を生んだのである。このことからもわかるように、高校野球においてチームの総合力の強さや接戦での強さはもちろんのこと、**試合終盤に甲子園の雰囲気を味方につけることも重要だ。**

ポイントひとつかみ

坂原監督がやること・やらないこと

やること：基礎的な力を身に付けるために圧倒的な量の練習を行う

やらないこと：あれもこれも複数の目標を設定する

【まとめコラム】

坂原監督と下関国際のこれから

下関国際の名前を野球で全国区にしたのは坂原氏といっても過言ではない。**文武両道の難易度も理解した上での指導であり、発言であることがわかる。**選手とは真正面から向き合い、退学寸前の生徒を救ったりするなど教育熱心である。この熱量に対し、選手達も応えるように年々甲子園で上位にまで勝ち進んでいる。特に、2022年は前述したように、大阪桐蔭や近江に勝利するなど雑草魂のようなものを感じた。格上に勝利できる礎をつくり、対策しながら勝利する育成と采配は高校野球において非常に重要なことである。今後は、注目される立場のため、プレッシャーを感じることもあると思うが、U−18日本代表の首脳陣に入った経験を活かしながら、坂原氏がまた別の「下関国際野球部」をつくり上げていってほしい。

甲子園通算勝利数歴代2位
智弁和歌山・高嶋仁が少数精鋭のチームをつくったわけ

2024年のセンバツ開催前時点では、甲子園で誰よりも勝ち星を積み重ねていたのが高嶋仁氏だ。**2018年に智弁和歌山の監督業を引退したが、長年常勝軍団をつくり上げ、1990年代、2000年代、2010年代と甲子園で優勝・準優勝を経験している。**

また、現在同校で指揮を執っている中谷仁氏や明豊を率いている川崎氏（P105）の選手時代の監督でもある。智弁和歌山は、中谷氏が率いてからも2021年に夏の甲子園で制している。

高嶋政権の晩年を含めた近年の智弁和歌山は、常に優勝候補として注目されてきた。その評判通りチーム力は高く、**2017年頃からはいつ甲子園で優勝してもおかしくない強さがあった。**特に、2018年は高嶋政権の集大成として、林晃汰（現・広島東洋カープ）を中心に、当時2年生だった東妻《あづま》純平（現・横浜DeNAベイスターズ）や黒川史陽《ふみや》（現・東北楽天ゴールデンイーグルス）、西川晋太郎、翌年にエースとなる池田陽佑《ようすけ》などが揃っていた。

この年のセンバツでは準優勝し、世代を超えた戦力の充実ぶりを見せた。高校野球の場合はプロ野球にもまして、チームの中心である監督が代わると低迷期に突入する確率も高い。**だが、智弁和**

歌山は高嶋氏が引退しても強さを維持している点が凄まじい。いま在籍している世代は高嶋氏勇退後に入学してきたので、後任の中谷氏の指導力に即効性があったことがわかる。さらに、高校野球では異例のプロ野球のような休養や自主トレ期間も取り入れており、時代に合った変革も特徴だ。その効力を、2021年夏に甲子園優勝という最高の結果で示した。

話を戻すと、〝高嶋智弁〟といえば2000年の強力打線だ。この夏の智弁和歌山は、準優勝した同年のセンバツ時に課題だった守備は大きく改善されなかったが、**それを上回る打撃力で多くの大会記録を塗り替えた。**★27 6試合連続2桁安打はタイ記録。さらに、合計100安打・11本塁打・チーム打率.413・157塁打は当時の歴代最高記録。まさに世紀末の王者に相応しい打線だった。

ちなみに合計34失点も新記録である。失策や失点をしても、相手より打って勝つこのチームのスタイルは、**大会後20年以上経った今でも語り継がれるように、智弁和歌山は「豪打」や「強力打線」のイメージをつくり上げた。**さらに、この大会の躍動により、智弁和歌山名物「ジョックロック」は、その後の大会でも相手チームにプレッシャーを与える〝魔曲〟になった。

また、高嶋氏は、現在の高校野球の強豪校のように、複数人の投手による継投によって甲子園を勝ち上がる**「21世紀型の高校野球のスタイル」に最も近いチームを以前から形成していた。**その高

★27 2001年に日大三が更新、2004年に駒大苫小牧がさらに更新。

嶋氏と後任の中谷氏就任時の甲子園成績は左になる。

・高嶋仁氏就任時：68勝35敗、春の甲子園に14回（智弁学園時代含む）、夏の甲子園には24回出場（智弁学園時代含む）。春の甲子園優勝1回、夏の甲子園優勝2回。

・中谷仁氏就任時：9勝5敗、春の甲子園に2回（交流試合含む）、夏の甲子園には3回出場。夏の甲子園優勝1回。

「強打の智弁」も、実は守備を重視している

2000年以降の夏の甲子園優勝校を振り返ると、失策数に関して2000年の智弁和歌山を除いた高校の全てが1桁だ（P36）。「夏は総合力」というが、きめ細かな野球ができるかどうかが重要とわかる。そのため、勝ち進んだ高校は相手チームのバントミスや守備のミスに付け込み、勝利することがある。これは、プロ野球における短期決戦にもいえることだが、一発勝負の試合はいかにミスをしない野球をできるかが重要だ。

前述のように強打のイメージが強い智弁和歌山だが、実は高嶋氏もこれまでの優勝校と同じように、**打撃ではなく守りを重視するチームの方針を持っており、守備力の高いチームを形成する年は多い。**これだけ、甲子園で勝ち続けられる強打のチームをつくり上げた高嶋氏でも、守備の大事さを実感しているのだ。**誰よりも甲子園で戦ってきたからこそ、重要な場面での守備の大切さがわか**

るのだろう。練習ではキャッチボールを最重視しており、選手達が適当に行っていれば、やり直しをさせる。さらに、**甲子園の試合直前では打撃練習をさせずに、バント練習をさせる。**これは、気持ちよく打撃練習をして、勘違いしながら試合に入ると、勝敗に影響するリスクがあるからだ。

少数精鋭で選手全員に目をかける

高嶋氏は、**選手との距離感をとても大事にしている。その象徴として、監督のキャリアでは少数精鋭を貫いた。**1つ目の理由は、人数が多いと目が届かないからだ。つまり練習しているようで遊んでいる選手が出てしまうことが挙げられる。もう一つの理由は、**なるべくベンチに入れてあげたいという想い**からだという。選手の大学進学まで視野に入れると、ベンチ内なのかベンチ外なのかは「評価点」に大きく関わるのだ。

自身も、「一生懸命練習しても、試合に出られなければやっぱりモチベーションは上がってこない。10名おれば、10名とも試合に出られるようにしてやりたいんです。それと、預かった以上は目いっぱい指導して、大学に行きたかったら行かせてやりたい。それには10名。20名だったら、3年が9人レギュラーでも11名補欠なんですよ。補欠はなかなか大学は獲ってくれない。そう考えると10名が限度なんです[xcii]」とコメントするように、**少人数でしっかりと選手を見た上で指導することにこだわっている。**勝負師のイメージが強い高嶋氏だが、少数精鋭だからこそ3年生を必ず試合に出している。厳しいイメージとは裏腹に、最後の最後に情が出るところが、高嶋氏の選手起用の醍醐味だ。教え子の川崎氏と反対の方針であることも興味深い（Ｐ１１１）。

また、**少人数だからこそ、選手が怪我をした場合を想定することや適性を引き出すことを踏まえて、「1人3ポジション」を練習させる。**さらに、伸び悩んで行き詰まっている選手の野球に対する見方や価値観を広くするために、様々なポジションを守らせることもあるそうだ。

高嶋氏は、**主将の選出基準として、人間性と学業の成績を実力やポジション以上に重んじている。**よって、背番号2桁の選手でも主将として指名することもあるのだ。学業を重視する理由は、後輩から勉強を聞かれた時に答えられないと情けない、という意図がある。さらに、高嶋氏からの伝達を部員に齟齬《そご》なく伝えられることも、学業の成績を大事にしている理由でもある。人間性に関しては、信用できない人が主将になると、少数の部活でもチームの輪が乱れるからだ。

〝仁王立ち〟に隠された秘密

高嶋氏といえば、**甲子園名物の〝仁王立ち〟**である。ベンチ前で仁王立ちをして、試合を注視する上で意識していたことがある。

それは、不動であること。どんな時も、選手達は監督の姿を見ている。不安そうな態度や表情は選手に伝わり、それがプレーにも影響する。だから、意識して動かない。

どっしりと構え、いつも通りの姿勢を見せることで「安心せえ。大丈夫や[XCIII]」と選手達にメッセージを送るのだ。「センバツはええんです。腕も組めますから。でも、夏はね。ひじからポタポタ汗がたれる。腕を組むとわきの下が汗でびっしょりになる。チェンジになったら水を飲んで、汗をふいて……。大変ですよ[XCIV]（笑）」とコメントしているが、**選手達のために仁王立ちを続ける高嶋氏の姿勢そのものが、智弁和歌山の強さだったのだろう。**

「普段通り」をいつでも出せるように

選手の育成面でいうと、**選手自身が低い目標設定をした場合は上方修正させることが多い。**高嶋氏は、選手の性格を見抜いた上で、モチベーションの上げ方を変えていく。それによって、選手のポテンシャルを最大限に引き出していくのだろう。

ちなみに、智弁和歌山は勝った試合後も練習をする。勝った後は、気分も良くなるため、有頂天にもなる。しかし、**高嶋氏は勝った後だからこそ、メンタル面での隙をなくすために、練習をさせるのだ。**このスタンスは、前述の試合直前に打撃練習を行わないことにも通じる。

また、常に決勝を想定してプレッシャーを感じながら練習を行う。**「普段通り」を緊張した時にも再現できるように、練習の時から大事な試合を意識しているのだ。**普段と本番の差が大きければ大きいほど再現が難しくなる。そのため、練習の時から緊張感を持たせるのである。

高嶋氏は守備を重視しているが、**ノックは5種類**（かち上げる、スライスさせる、フックする、ドライブする、伸びる打球）で練習させており、たとえ雨の日でも守備練習を怠らない。

これには理由がある。甲子園は雨でもなかなか試合中止にならないためだ。よって、**甲子園で勝つことを目指す以上、普段から雨の日における守備にも慣れておくのだ。**

加えて、**試合直前に行うノックには大きく2種類あり、相手のレベルに合わせて変えるのだ。**対戦相手が格下の場合は、相手に強いチームだと思ってもらうために、捕れないレベルの速い球を打ち、同等から格上の場合は、出来上がっているチームという印象を与えるために確実に捕れる球を打つ。

打撃練習に関しても実戦を意識し、全国Ｎo．1投手を想定した練習をする。また、左右、内外、緩急に対応できるような練習をすることにより、どんなタイプがきても自分のスイングができるようにするのだ。そのため、**普段からフルスイングで練習をさせて、当てにいく打撃をなくすようにする。**これは、フルスイングを是とする現代野球の潮流を先取りしているように思える。

さらに、**一死一、三塁を想定しながら打撃練習をすることで、点を取るために確率が高い打撃が何かを考えさせる。**この場面では、ゴロでは併殺の確率が高いため、打球を上げるように促す。また、打撃練習は感覚的な部分が大きく占めるため、試合直前でなければ、いい状態で終わらせるようにしている。基礎練習も重視し、素振りは毎日最低７４０スイングをノルマとする。このような徹底した**基礎練習が強打の礎になっているのだ。**

「三振はOK」 強力打線を支えるマインドセット

実戦面で高嶋氏は、**できれば先攻で試合に入るようにする。**智弁和歌山の甲子園成績を振り返っても、先攻の試合は63試合42勝21敗・勝率は.667、後攻の試合では30試合19勝11敗・勝率は.633[XCV]である。

なぜ先攻を取りにいくのか。先攻なら負けていても9回あるが、後攻は勝っていれば8回しか打てないからだ。[★28]「先攻は先に点が取れる。だから、9回までは先攻の方が有利というのがオレの考え方。後攻は1回表に点を取られることがある。やっぱり、先に点を取られると嫌ですよ。そこを抑えれば楽なんやけどね。延長に入ったら後攻のほうがええなと思うけど」[XCVI]とコメントするように、先に攻撃できるというメリットを活かすようにしているのだ。

また、智弁和歌山は「守備のチーム」だからこそ、先に得点を取り、相手に流れを渡さないように手堅く守り続けることができるのだ。

攻撃面の采配でもそのことは表れ、**バッティングに自信がある年であればあるほど、送りバントを徹底している。**実際のところ、過去に夏の甲子園に優勝した時のチームを振り返ると、1997年の智弁和歌山はチーム打率.406を記録している一方で、犠打の数は20もあった。2000年

★28　9回表終了時点で後攻のチームがリードしている場合、9回裏の攻撃は行われず、ゲームセットとなる。

も、チーム打率.413を記録している中で犠打の数は21を記録している（P97）。

強打のイメージがある中で、ランナーをしっかりと進められる送りバントの精度も高かったからこそ、**長年打線の安定感があったのだろう。**

高嶋氏は打者に対しては、打撃練習と同じように、初球から思い切り振らせる。振っていくからこそ、タイミングの合う合わないがわかり、振っていきながらタイミングを合わせてほしいと考える。これに加え、**前の打者が何を打ったかを選手に考えさせる。**例えば、前の打者がストレートを打っていたら、相手投手は変化球を投げてくる可能性が高まるため変化球を狙わせる。状況や相手心理を考えながら、初球を狙うのだ。**さらに、好投手相手には「三振はOK」と選手達に伝えることで、その代わりに狙い球を徹底させる。**

打順に関しては、基本的にはほとんど変更せず、6番に信頼できる打者を置く。「高校野球で一番大事なのはクリーンアップじゃない、六番。三番、四番、五番のクリーンアップはヒットが出るんです。それを返すのは六番しかいない。だから必ず六番にええのを置いとるんです。勝負強い、ホームランを打てる子をね」[XCVII]と口にするように、**6番を重視する打線の並びをつくっている。**

もちろん、6番から打線を組むわけではない。「こだわっているのは一番、三番、六番。最初に考えるのはクリーンアップですね。確実性があるのが三番。その次に信用できるのは五番。三番手に六番かな。四番は当たったらホームランを打てる子なら誰でもいい。わりと警戒してくれますから。一番は打てる子。そのうえで一番、二番は走れて選球眼があるといい。1回に一番が出ると三番が勝負。1回に3人で終わると、次は四番から始まる。四番か五番のどっちかが出て六番が勝負になるという考え」[XCVIII] とコメントする。

そもそも、6番にいい打者を置けるのは、大会までに育て上げた選手達で層の厚いメンバー構成を組めるからだ。また、**守備的な選手や投手にも打力を求める。これが、世代関係なく強打で名を馳せた智弁和歌山たる所以なのだろう。**

● 時代を先取りしていた「複数人の」投手起用

投手起用に関しては、県大会決勝で勝ち切ることを念頭に置き、エースのみに頼らず、2番手や3番手も登板させて総動員で戦うことが特徴だ。**夏の和歌山県大会決勝における智弁和歌山の成績は、驚異の26勝1敗である。**高嶋氏は「決勝で負けたら（1回戦負けと）いっしょ」と言うように、トーナメント戦を勝ち抜く戦略として、**決勝ではいい状態でエースに投げてもらうために、それまでは2番手や3番手の投手に頑張ってもらうのだ。**

他校は、**初戦からエースを登板させているため、決勝では疲弊《ひへい》している場合が多く、智弁和歌山はその点で勝っていた。**「だいたい使える投手を5人おいてます。その他に守っとるヤツがおる。それを入れると6人、7人になる。点差が開いとったら、できるだけ一番手から三番手を使わんように投げさせる。15対0で勝っとったら七番手でいいんです。勝てばええんやから」[XCIX] と話すように、

多くの年で複数の投手を運用し勝ち上がっていた。

智弁和歌山で計23回出場した夏の甲子園を振り返ると、2010年が7人、1998年、2007年、2008年、2011年は5人。1989年、1993年、1997年、1999年、2000年、2002年、2006年、2009年、2012年、2015年、2018年は4人の登板があった。**球数制限が設けられる前からこのような戦略を取り、先行者利益を得たことが、智弁和歌山の強さの秘訣だったかもしれない。**

そして、**采配に関して、高嶋氏は余計なことをしないように意識している。**成長が早い高校生だからこそ、勝ち上がれば勝ち上がるほど信じられない力を発揮する。だからこそ、余計なことをしてはいけないと監督自身が気づけるがどうかも重要というのが、高嶋氏の監督観である。

ポイントひとつかみ

高嶋監督がやること・やらないこと
やること：メンバー全員に目をかける
やらないこと：三振したことを責める

【まとめコラム】

監督を勇退した高嶋氏のこれから

智弁和歌山といえば高嶋氏のイメージが強いだろう。ここまで述べてきたように、一般的に高嶋氏が率いる智弁和歌山は強打のイメージが強いが、**実は守備を重視しており、高校野球においてセオリー通り指導していたことがわかる。**また、少数精鋭で築き上げたチームビルディングは、他校ではなかなか真似できないものであり、好投手の対策など、作戦面も優れている。ここまで高校野球と選手のことを考え、実践している監督はいないが、それでも負ける時があるのが高校野球の難しさだと感じる。現在は、解説者として高校野球を外から見ているが、**低反発バット導入で野球が変わった今、強打のチームをつくり上げた氏の目線からどのような解説をするのかが注目である。**また、チームビルディングにおいて守備力を重視していた目線からの解説も楽しみにしていきたい。

「僕は選手に好かれたいと思ったことは、一度もありません」東海大菅生・若林弘泰の〝昭和な指導〟に秘められた想いとは

これまで主に紹介してきた監督と一線を画し、いわば**「昭和な指導」をとっている監督といえば、東海大菅生《とうかいだいすがお》の若林弘泰氏だろう。**

「僕は選手に好かれたいと思ったことは、一度もありません」。

「昭和な指導」には厳しい目が向けられている中、信念を持ちながら昔ながらの指導を貫く。なお、「昭和な指導」には根性論のイメージが強いが、**実践的な理論構築においても若林氏は頭一つ抜けており、試合前の戦略性は、守備から投球、打撃まで非常に優れているものがある。**

彼のキャリアを振り返ると、東海大相模・東海大から日立製鉄所、中日ドラゴンズでプレーした後に指導者になっている。若林氏自身は「東海大相模高では原貢さん、東海大では岩井美樹さん（現・国際武道大学監督）、日立製作所では山田智千さん、そして中日では星野仙一さんと、実績がある方ばかり。恩師には本当に恵まれましたね」とコメントするように、**原氏と星野氏を中心に薫陶《くんとう》を受けたという。**左は、若林氏就任時と前任者の東海大菅生の甲子園成績である。

・上田崇氏就任時：2勝1敗、春の甲子園に1回出場

・宮原上総氏就任時：甲子園出場なし
・若林弘泰氏就任時：5勝4敗、春の甲子園に2回、夏の甲子園には2回出場

若林氏が高校野球の指導者になり、東海大菅生の監督に就任したのは42歳の時だ。プロ引退後は星野氏から紹介された運送会社などで5年間、会社員生活を送っていた。生活も安定していたが、教員免許を取得するために名城大学に入学。2年間通い、東海大時代の恩師・岩井氏の推薦で東海大菅生高に教諭として着任したのが、2007年春のことである。同じ西東京の強豪校といえば、日大三や早稲田実業が挙げられる。両校ともに甲子園優勝経験があり、誰もが知る強豪校だ。

そんな激戦区の西東京で近年安定した強さを見せているのが、若林氏率いる東海大菅生である。**東海大菅生が一躍名を馳せた大会は、ベスト4を決めた2017年夏の甲子園だろう。**私もこの大会の東海大菅生は、夏の予選の西東京大会前半から注目していて、西東京大会準々決勝から試合を見に行ったほどだった。その期待に応えるかのように、西東京大会を勝ち上がるごとに松本健吾（現・東京ヤクルトスワローズ）が覚醒し、その他のメンバーを見ても戸田懐生《なつき》（現・読売ジャイアンツ）や田中幹也（現・中日ドラゴンズ）といったゆくゆくはプロ入りする選手を擁し、準々決勝では、日大三の櫻井周斗（現・東北楽天ゴールデンイーグルス）を攻略して5—0で勝利。西東京代表としてのちに甲子園ベスト4という成績を残すに相応しい強さを見せた。

●タレント軍団・早実&日大三を攻略した若林監督の試合巧者ぶり

夏の西東京大会の抽選会が開かれ、**お互い順当に勝ち上がれば、東海大菅生は準々決勝で日大三と対戦することが濃厚になった。**若林氏は日大三高戦は「松本でいこう」と決めていたという。「練習試合をする中で松本が一番安定していたので、最初のヤマは松本でいこうと思っていました。**準々決勝からさかのぼって、先発の順番を決めていきました**[2]」**とコメントしている。**

また、「日大三戦でも、9回に櫻井（周斗）が打席に入る時にスタンドが『ワーッ！』と盛り上がったんですけど、そこで戸田が三振を取るとすごく静かになりました。ウチにはそうやって流れを持ってこられる投手が揃っていますから[3]」と正捕手の鹿倉凛太朗《しかくらりんたろう》は強気なコメントをし、勝ち気を感じた。**実際のところ鹿倉のリードと松本のピッチングは凄まじかった。日大三戦でも、「引き出し」の多さで打者を翻弄《ほんろう》し続けた。**

例えば、左打者に対しての投球なら、右腕の松本は外のボールゾーンから入ってくるスライダーとインコースの膝元に沈むスライダーを使い分け、左右に揺さぶりをかけた上で決め球のフォークを振らせた。準決勝は日大二に打撃戦で打ち勝ち、決勝で清宮幸太郎（現・北海道日本ハムファイターズ）と野村大樹《だいじゅ》（現・福岡ソフトバンクホークス）を擁する早稲田実業と相見《あいまみ》える。

清宮の人気は凄まじく、東海大菅生からすると、圧倒的にアウェイの状況だった。しかし、東海大菅生の選手達は「仮に早稲田（実業）に勝つ、日大三高に勝つという意気込みだと、それを達成してしまったら、次の目標がなく負けてしまう。だから、自分達は常に『全国制覇』と言い続けて戦っていました」[CIV]というように**当時甲子園優勝候補だった早稲田実業に対しても、気負うことなく挑んだ。**

決勝は、主力の清宮と野村の前にランナーを出さないことがキーポイントと若林氏が考える中で、当時高校野球の本塁打記録を持っていた清宮は歩かせていいと指示していた。それにより、**松本と鹿倉は気が楽になったのだろう。**結果的に、野村には3安打を許したが、**清宮を単打1安打のみに抑えた。**鹿倉もまた「清宮、野村を出して（出塁させて）も、他の7人を抑えれば点は取られない」[CV]と戦前に語っていた。さらに、8回表の一死一塁の場面では、野村をインハイのストレートで併殺打に打ち取り、主導権を渡さなかった。最終的には、松本が完投して6―2で早稲田実業に勝利し、17年ぶりの夏の甲子園出場を決めた。

優勝監督インタビューでは、「二強、二強と言われてきて、早実さん、日大三高さんばかりが騒がれていたんですけど、この2チームを倒したので、西東京代表として堂々と甲子園で日本一を狙っていきたいと思います！」[CVI]と話しており、3年連続で西東京大会決勝で甲子園を逃していた悔しさから、甲子園に出られる喜びへと変わった。

この予選で、選手達は技術的な部分はもちろんのこと、メンタル面も著しく成長したからこその結果だったといえる。甲子園でも西東京大会を勝ち上がった実力を見せつけるかたちでベスト4にまで勝ち進んだ。特に打線は甲子園に入ってからも好調を維持し、準決勝まで全試合で先制点を取り、毎試合6点以上得点した。**最後はこの夏優勝した花咲徳栄《はなさきとくはる》に延長の末敗れたが、甲子園で花咲徳栄をここまで追い詰めたチームは東海大菅生のみだった。**

●徹底したシミュレーションで僅差の試合をモノにする

また、この大会から、若林氏はチームビルディングも変えてきた。それは、以前までなら打撃力を重視し、ガンガン打って圧倒的に勝つ野球を見せてきたのだが、そういった野球では勝てないことを、「3年連続の決勝戦敗退」で実感したという。**そこから、セオリー通りの「守り勝つ野球」にシフトチェンジしたのだ。**

練習面でいうと、**若林氏は投手出身のため、打撃の細かい指導は外部コーチに任せている。**さらに、センターラインを重要視しており、一番上手い選手は遊撃手で起用し、守備が上手く肩が強い選手を二塁手で起用する。また、外野手の守備も軽視しているわけでないため、いくら打撃が良くても守備力がなければ起用しないのだ。

そういったチームビルディングをもとに、2017年のメンバーであれば、松本や戸田といった投手陣を活かした投手力と捕手鹿倉やショート田中といったセンターラインの選手を中心とした守備力により、相手の得点を何点で抑えられるかを予測し、失点計算をする。そして、その計算をベースにして、**継投策や試合中の守備交代まで事前にシミュレーションし、戦略を練っていくのである。**

守備のプランが固まったら、今度は攻撃面の戦略を考える。例えば、相手を3点以内に抑えられるのなら、5点を取る野球をすればいい。その5点の内容は、一挙に取るのではなく、**9イニングの中でどうやって5点を取るのかを考えていくのだ。**

また、「ここで確実に1点を取る」野球を意識し、「送るべき時はしっかり送る」というスモールベースボールをしていくのだ。なぜなら、**どんな状況でもフルスイングをする大味な試合を演じていては、西東京大会を勝ち上がっていけないからである。**

選手を叱る際に気をつけること

選手の育成では「**叱って伸ばす**」ことを意識している。現在は「褒めて伸ばす」育成が主流だが、あえて時代に逆らうように徹底している。**この真意は、単に怒りに任せて怒鳴るのではなく、選手達に成長してほしいから本気で叱るのだ。**選手達には、「ちくしょう、若林、今に見ていろ！」と発憤し、その憤りを糧に成長してほしいという意図がある。また、一様に叱るのではなく、**世代そのものや選手の性格に合わせ、一人ひとりの育ってきた環境などを把握した上で、「叱る」のだ。**

若林氏は野球部に入る部員の保護者にも、毎年「私は相当厳しいです。そこは覚悟してください」と伝えるようにしている。また、「入部してきた選手は我が子だと思って接します。だから、やさしくなんてできません」とも伝える。

このように厳しい環境をつくり上げていくにあたり、選手達は「**粘り強さ**」が身に付くのだ。そのため、練習中は、怒鳴り続けながらノックをしており、記者からは「昔っぽいノックですね」ともいわれるみたいだ。厳しくノックを行うことで、あえて選手達にプレッシャーを与えている。これは、夏の大会に勝つために**「心・技・体」の3つのレベルが高く備わっていないと全国クラスのチームと対等に戦えないからである。**

加えて、練習だけではなく普段の生活にも着目する。若林氏は、**「普段の生活がプレーに出る」**という持論を持っている。また、生活態度に不備が多い選手は必然的に勝負弱くなるというのだ。そのため、チーム全体で生活態度を正すことを志している。

「怖い」だけじゃない　自信と自主性をつける指導術

メンタル面のケアにおいては、**選手達に成功体験を積ませて、メンタルを強化させていく。**なぜなら、**選手の気持ちが弱くなるのは、「結果が出ない（失敗）」から**である。そのため、「弱気は失敗から、強気は成功から生まれる」と若林氏が言うように、気持ちを強くするには、成功体験が必要なのがわかる。

さらに、若林氏は選手を叱るだけではなく、**自主性を引き出すことも意識している。**野球チームのような「組織」を強くするのなら、指示待ち人間ではなく、**自発的に動ける人間をひとりでも多くする必要がある**と考えているのだ。野球の場合は、いろんなことに気づき、そのための準備をして、それを実行していく力が求められる。そのため、受け身な人間よりも、自主性を持って考えながら動ける人間の方が気づきは多いと語る。

よって、若林氏は選手の自主性を引き出すために叱るイメージが強いが、考える力が付かなくなってしまわないように、**時には「教えすぎない」「上から抑えつけるようなやり方はしない」**ようにも気をつけており、選手達には「考えないことは罪だ」と話しているようだ。

常に「考えること」を推奨していることから、**自分で調べて練習に取り組んでいる選手は否定しない。**ただ、やり方が誤っていればやんわりと指摘し、軌道修正させていくのである。選手達も自分が考えたやり方なら、やる気や集中力が上がる。

また、ミーティングでは反省点だけを挙げるのではなく、**克服するためにどのような練習が必要かを論じ合ってもらう。**これも、上からの指示ではなく、**自分達で対策を考えることにより、選手達もやる気と集中力が高まるのだ。**

このように、自主性を育むミーティングによって、選手達は課題を共有し、克服や修正を積み重ねていき、チーム力が少しずつ高まっていくのである。

ポイントひとつかみ

若林監督がやること・やらないこと
やること：上からやり方を強制する
やらないこと：選手から嫌われることを恐れて叱らない

【まとめコラム】

若林監督と東海大菅生のこれから

東海大菅生を全国屈指の強さにしたのは間違いなく若林氏の手腕だろう。2017年夏は、早稲田実業や日大三が本命だった中で西東京大会を制し、甲子園ではベスト4まで勝ち進んだ。この年から、西東京大会では安定して勝てている。選手を叱って伸ばしていく指導法は、賛否両論があることや、時代とは逆行しているように感じているが、愛情の裏返しとも捉えられる。昔ながらの愛情表現で選手を伸ばしていき、プロ入りした選手も複数人いる。**現場に復帰した今、残す目標は全国制覇しかない。**采配面では、西東京大会の戦いを見ても、試合運びが上手いことから西東京地区で新しい時代を切り開いていく可能性もあるだろう。昭和な指導法ではあるが、この時代だからこそ、若林氏のような熱血な人は重宝される。**厳しい指導には風当たりが強いご時世だが、この指導法で日本一に輝き、高校野球の常識に一石を投じることも期待したい。**

第4章

個の力を最大化させる「人材育成」の達人たち

大谷翔平、菊池雄星、佐々木麟太郎……
花巻東・佐々木洋の圧倒的な〝個〟を生み出すための極意

花巻東といえば、大谷翔平（現ロサンゼルス・ドジャース）の母校である。さらに菊池雄星（現トロント・ブルージェイズ）や米スタンフォード大に進学することで話題になった佐々木洋氏の息子・佐々木麟太郎も輩出しており、2000年代後半から強豪校として一気に知名度を上げた。

組織力を上げることに評判のある強豪校が多い中、佐々木氏が率いる**花巻東は、大谷・菊池とメジャーリーガーを2人も輩出しているように、類い稀《まれ》な人材育成力に特徴がある。**

その秘訣は、**「目標シート」**にある。それは、将来の大きな目標を真ん中に置き、そのために何をすべきかを細かくチャートにして書き込んでいくものだ。がむしゃらに練習するだけではなく、各選手が目標を意識しながら、練習はもちろん学生生活も意識高く取り組むことにより、大きな成長を遂げたと言っても過言ではない。

選手を大きく育てる2つの秘訣

佐々木氏は人材育成において**「優先順位をつけること」**と**「型にはめないこと」**を主張している。

まず「優先順位をつけること」に関してだが、学校によって、練習時間も環境も人数も異なるのが前提にある。肩甲骨や股関節の可動域を広げるトレーニングなど、身体機能を高めるトレーニングは重要だが「家でもできるものがある。練習時間が短いなら、一人でもできるトレーニングをわざわざグラウンドで一斉にやる必要はない」[CVII]という持論がある。これは、効率的な部分を意識しているのだろう。グラウンドでは基本的にグラブやボール、バットを使用した練習がメインになるが、グラウンド外は道具を使用しない練習ができる。例えば、ランニングにしても照明が最低限あれば可能だ。

佐々木氏は道具を使用できる時に、それらを活用した濃い練習を行うことの重要性を主張している。また、「手法にこだわらなくてもいい。例えば、雨だったら（練習を）やるくらいでもいいと思う」[CVIII]ともコメントしている。

次に、「型にはめないこと」だが、成功した指導法を、別の選手に対して同じようにやった結果上手くいかなかった過去の自身の失敗談を踏まえ、「誰かがこうやって投げているから……じゃなく、**その子にとって何が正しいか。引き出しをいっぱい持っておけばいいと思います**」[CIX]とコメントしている。

例えば、大谷と同じ練習をすれば彼のように大きく成長できるかというと違うだろう。**各選手に合った練習方法を導き出すために、その引き出しとしてサポートするのが指導者としての役割だということだ。**

佐々木氏が監督に就任する前は、甲子園出場経験2回で通算1勝2敗と、強豪校としての土台があったとは言い難い。その上、**岩手県には盛岡大付や一関学院などのライバルがいる中で、花巻東を甲子園常連校にまで成長させた。**その佐々木氏が率いる花巻東の甲子園成績は左である。

・佐々木洋氏就任時：18勝13敗、春の甲子園に4回、夏の甲子園には9回出場。春の甲子園準優勝1回。※前任者のデータは不明

菊池雄星に伝えた覚悟

選手を育成するにあたり、「伝統と習慣や感覚で教えていたものから、ハイスピードカメラや、ラプソード[★29]で動作的なものが、わかるようになってきた。（指導者として）選手の体は、繊細だってことを分からなきゃいけない。体のキレや、この子に合うとか、今はカスタマイズして教える時代。昔なら、一方的だったけど、一人一人に教え方を変えなきゃいけない」[CX]とコメントするように、**現代の高校野球に適した思考を持っている。**

また、「日本でいい選手がこれから出てくると思いますし、世界で活躍する選手や高校野球のレベルも、とんでもないスピードで上がってくると思います」[CXI]とコメントを残しているが、実際にこの佐々木氏は、菊池や大谷といった日本人でトップクラスの球速を誇る本格派の投手を育て上げた。その具体的な指導としてはいいボールを投げるために**体のメカニズムを選手自身に熟知してもらう**

ことや、継続的に柔軟性を身に付ける大切さを説いている。

21世紀の甲子園最強左腕といわれた菊池を擁した2009年は、センバツ準優勝、夏の甲子園ベスト4とこれまでを振り返っても花巻東史上最高の成績を残した。その立役者である菊池は、花巻東に入学していきなり145km/hのストレートを投げて、周囲の度肝を抜いた。

佐々木氏はそんな菊池に「卒業時にドラフト1位以外だったら大学に行け[CXII]」と言い、ドラフト1位で指名されなければ監督を辞める覚悟を伝えたそうだ。入学した2007年、花巻東は夏の甲子園に出場し、菊池は1年生ながら甲子園のマウンドを経験している。

菊池の目標シートには、「実戦で使える投手」「MAX155キロ」「甲子園で優勝」、そしてその目標を達成するために必要な要素として「投球スタイルを確立する」「肩周辺の筋力UP」「徹底力」という言葉も書き込んであった。

菊池はノートに書いた通り、目標から逆算し3年生になるまで、心身を鍛え上げた結果、最後の夏、3回戦の東北戦では、左腕として甲子園最速となる154km/hを記録。

甲子園優勝は逃したが、ドラフトで**6球団による1巡目指名を受け、その後もプロで成長していく。**2017年には最多勝と最優秀防御率を獲得し、翌年の2018年には埼玉西武ライオンズの

★29 カメラとレーダーで計測することで投げたボールの回転数や回転軸などがわかる器具。

リーグ優勝に大きく貢献した。２０１９年からは、メジャーリーグに挑戦し、２０２３年は2桁勝利（11勝6敗）を記録した。

◎大谷翔平を「封印」　そのワケとは？

二刀流をメジャーリーグでも体現し、**今では世界一の野球選手である大谷だが、高校時代は順風満帆ではなかった。**

佐々木氏は、高校入学時に大谷に対しては、ただ単に練習をするのではなく、「例えば１６０キロを出すために、とか。逆算して考えないといけない。なぜやるのかを考えないと無意味なトレーニングになる」[CXIII]と話したそうだ。

佐々木氏は、大谷という素材を大事にした。２０１１年夏の岩手県大会直前、大谷は骨端線《こったんせん》損傷という高校時代で唯一といっていい怪我をする。右翼手として出場した甲子園では、１回戦の帝京戦でリリーフ登板し、当時の2年生の最速タイとなる１５０km／hを記録。しかし、大谷の将来を考えれば無理はさせられない。**それ以降、佐々木氏は大谷の登板を翌年まで封印したのだ。**

実際に、センバツ出場がかかった２０１１年秋の東北大会準決勝では接戦の展開となり、終盤に大谷がマウンドに上がっていれば勝利の可能性は十分にあった。しかし、この時も「**大谷のゴールはここではない。翌年の夏の勝利のためにも、ここで大谷を壊すわけにはいかないと思いました**」[CXIV]という気持ちがあり、大谷の起用を我慢した。これは、なかなかできることではない。

そして、満を持して大谷が主軸として出場した２０１２年のセンバツでは、初戦でこの年春夏連覇を果たした大阪桐蔭と対戦。大谷と対戦相手のエース・藤浪は互いに「ダルビッシュ2世」と呼ばれており、注目の対戦になった。

先制したのは花巻東。2回に大谷がカウント2―2から１１６㎞／hの甘く入ったスライダーを捉えて、右中間に先制ホームランを放つ。**超高校級の藤浪のボールを初見でホームランにする打撃には、当時から非凡な才能を感じた。**

さらに4回には田中大樹のタイムリーで2点差とする。しかし、大谷に2安打6奪三振に抑えられていた大阪桐蔭は6回に意地を見せ、一死二、三塁から安井洸貴のセカンドゴロの間に1点を返し、一、三塁の場面で笠松悠哉が左中間にタイムリーツーベースを放ち、逆転に成功する。

さらに、7回には田端良基《よしき》にツーランホームランを打たれ、突き放された。**最終的に大谷は11三振を奪うも、怪我で実戦のマウンドから半年以上遠ざかっていた影響もあり、終盤にスタミナ不足が露呈。**四死球も11を記録し、試合終盤に大量失点を喫した。注目を集めた初戦は藤浪に軍配が上がった。

その後の夏の岩手大会では、準決勝の一関学院戦で当時アマチュア史上最速の１６０㎞／hを記録。決勝で盛岡大付に敗れ、**最後の夏に甲子園出場はかなわなかったが、我慢と挫折を乗り越えた末、世界一の野球選手が生まれたのだ。**

怪物・佐々木麟太郎の〝型にはまらない選択〟

さらに、菊池や大谷といった超一流選手の他に、**東京大学の合格者も野球部から輩出している。**それは大巻将人だ。佐々木氏からの「日本で二番目に高い山は知っているか？　だから（誰もが知っている）一番を目指せ」[CXV]という言葉に背中を押されて、最高学府の東大を志望し、合格したのだ。大巻は公式戦出場経験もあるが、２０１８年春夏連続甲子園出場時には、記録員として貢献した。現在は東大の野球部に所属している。

ここまで数々の選手を育成してきた佐々木氏には息子がいる。それは、２０２１年から２０２３年まで野球部に所属していた**佐々木麟太郎**である。高校野球における通算本塁打記録は早稲田実業・清宮の１１１本塁打をはるかに抜き去り、１４０本塁打を記録。長打力が魅力の選手だ。

佐々木のように将来有望な高校球児の進路といえば、プロ志望届を出し、プロ野球にいくことや大学進学、社会人野球のチームに入ったりするなどの選択が一般的である。

しかし、佐々木が選んだ道はアメリカの大学に入学し、ベースボールの本場でプレーすることだった。競技は異なるが、まるで『ＳＬＡＭ ＤＵＮＫ』の登場人物のような身の振り方に日本中が驚かされた。この決断の裏には、父であり監督である佐々木氏の〝型にはめない教育〟があるだろう。

今の日本は、表面上では多様性を受け入れつつあるように見えるが、**若者の挑戦に対しては、前例のない道をいくと、レールから外れたような辛辣《しんらつ》な扱いをする傾向がある。**就活時における〝新卒至上主義〟にも共通する話ではあるが、レールを外れることに対しての寛容さが不足している気がしてならない。

わかりやすいのは、大谷が二刀流に挑戦した時だ。今でこそ、野球選手の二刀流は受け入れられているが、2012年頃には賛否両論を呼び、とりわけネガティブな意見が多い傾向だった。**ただ、大谷は逆風を実力ではね返した。**今ではそのおかげもあって、二刀流に挑戦することに対して寛容的な空気が流れている。社会全体が、これまでにはないキャリアや経歴、挑戦を受け入れていく姿勢を持たなければ、**新たなことにチャレンジする選手達の選択肢や可能性がなくなっていくだけだろう。**

佐々木の打球に角度をつけることができる能力は天性のものだ。アメリカで持ち前の長打力を活かし、大谷のように外国人選手にも見劣りしない打撃力をつけてほしい。ゆくゆくは日本を代表する打者になることを期待していきたい。

今後は、佐々木氏のようにチームの勝利に結びつくように**個性を伸ばしていく指導者は増えていくだろう。**花巻東では、1年時に最終的な目標設定をさせ、それをかなえた選手は多い。高校生の段階で細かい目標設定を課して逆算した設計をしていくことは非常に難易度が高いが、大人でも難しい「目標に向かってやり遂げること」を、高校生の段階で成し遂げる彼らを指導してきた佐々木氏の活躍に期待したい。

ポイントひとつかみ

佐々木監督がやること・やらないこと
やること：選手が前例のない選択をすることを否定しない
やらないこと：目先の勝利を何よりも優先する

【まとめコラム】

佐々木監督と花巻東のこれから

花巻東を全国屈指の強豪校に成長させ、大谷などの一流選手も輩出したのが佐々木氏だ。**個とチームの成長を両立させるのが上手い監督である。**戦略面では、非常に細かいところまで見ており、賛否両論を巻き起こしたが、「カット打法」で球数を投げさせ、四球をもぎとるなど野球のルールを最大限に活かす野球をしている。**大谷や菊池の活躍で選手の育成面で注目を浴びているが、様々な作戦や戦略を練り、甲子園を勝ち上がる点も見逃してはならない。**個人の成長に関しては、高校生ながらも目標を非常に細かく設定させ、選手の特性などを各々のトレーニング方法に取り入れるなど、個人個人をしっかり観察していることがわかる。今後も、多くの優秀な選手を輩出しつつ、持ち前の戦略性を駆使してチームとしても悲願の甲子園制覇に期待したいところである。

ゴールデンコンビ　横浜・渡辺元智と小倉清一郎が「チーム力」と「個の力」のアップを両立できたワケ

2023年に夏の甲子園を制覇した慶応や東海大相模と並んで神奈川県の強豪校で、**甲子園優勝はもちろんのこと、数多くのプロ野球選手を輩出しているのが横浜高校**（以下「横浜」）だ。

そんな横浜を長年率いた渡辺元智氏は2015年の夏の大会をもって勇退したが、甲子園での実績や輩出した選手を見れば、名将だろう。特に、1998年夏の甲子園では松坂大輔や小池正晃《まさあき》（元・横浜DeNAベイスターズ）、後藤武敏《たけとし》（元・横浜DeNAベイスターズ）、小山良男《よしお》（元・中日ドラゴンズ）を擁して公式戦44連勝を記録。

その年は甲子園春夏連覇をはじめ、明治神宮野球大会、国体も制しており、高校野球におけるグランドスラムを達成している。左は渡辺監督就任時と退任後の横浜高校の甲子園成績である。

・渡辺元智氏就任時：51勝22敗、春の甲子園に15回、夏の甲子園には12回出場。春の甲子園優勝3回、夏の甲子園優勝2回。
・平田徹氏就任時：3勝4敗、春の甲子園に1回、夏の甲子園には3回出場。
・村田浩明氏就任時：2勝2敗、春の甲子園出場なし、夏の甲子園には2回出場。

渡辺氏は、1968年の就任から2015年の引退まで、半世紀近くにわたって横浜の監督を務め、横浜を全国屈指の強豪校にまで成長させている。監督生活では、松坂をはじめ現役で活躍している涌井秀章《ひであき》（現・中日ドラゴンズ）、筒香嘉智《つつごうよしとも》（現・横浜DeNAベイスターズ）、近藤健介（現・福岡ソフトバンクホークス）、柳裕也（現・中日ドラゴンズ）、伊藤将司《まさし》（現・阪神タイガース）など数多くの選手を輩出してきた。**チーム力を上げるのはもちろんのこと、日本代表やタイトルホルダーを輩出しており、野球選手として成長させる手腕もある名将だ。**

名参謀・小倉部長の存在

横浜が継続的な強さを誇る裏には、二人三脚で歩んできた部長・小倉清一郎《おぐらきよいちろう》氏の存在も大きかったに違いない。この小倉氏は、部長退任後は山梨学院に移り、任期満了後ではあるが、山梨学院は2023年センバツで優勝している。

小倉氏は、高度な戦略をチームに植え付けることや対戦校のデータ分析が非常に上手な指導者だ。まさに「**名参謀**」である。野村克也氏の野球理論を研究していて、ミーティングなどでは「そこまで教えるか」というくらい、細かい守りのフォーメーションを伝授していたぐらいである。

試合前には対戦相手のデータを記した「**小倉メモ**」が渡される。相手打者の打球方向の傾向や得意な球種、コースなど細かい情報が書き込まれたもので、部員たちは小倉メモを見て投球の組み立てや守る位置などに活かした。

主に精神面を鍛えていた渡辺氏と、「2人殺し」★30をはじめ、勝つための細かい野球を仕込んだ小倉氏と、**役割分担がはっきりしていたのが、横浜の強みだった。**

渡辺監督がノックに込める意味

渡辺氏の選手育成は、野球面の教育だけではなく一人ひとりの人生に向き合っており、選手達には身だしなみをしっかりすることも伝えている。野球で成功することはもちろんいいことだが、**自分が納得いく人生を送れたと実感する人こそ、本当の「人生の勝利者」だと考えているのだ。**

また、目標設定も重要視している。大きな目標を掲げることも大事だが、現在地点から小さな目標を設定し、一つクリアをするごとに、少しずつ目標を上げていくのである。まわりに「おかしい」と言われても、必要な努力なら勇気を持っていってほしいと語っている。

選手との接し方も、時代に合わせながら変えてきた。昔は、激励のメッセージを送ると、喜ばれるが最近はうるさいと思われる。加えて、昔はスパルタ教育でガンガン鍛えてきたが、今の時代は叱る衝動にかられたら大きく一つ息をつく。**時代によって柔軟にコミュニケーションを変えてきたことが、長年強豪校として選手達を育成してきた秘訣だろう。**

一方、技術的な育成を見てみると、守備を第一に考えている。そのため、ノックには非常に強いこだわりがある。「守備は捕るだけではダメ。投げるだけでもだめ。相手の打者なり、走者なりを〝殺して〟初めて完成する。そのため、守備練習は可能な限り、投手をマウンドにつかせて行う方がいい。投手が動いてからノックを打ち、そのボールに対して実戦同様に全員が動く。常に実戦を想定しなければ、練習のための練習で終わってしまうと肝に銘じたい」[CXVI]と言うように、普段の練習から実戦に近いかたちで、プレーができるかを見ている。

実際のところ、**プロ入りしている松坂や涌井、柳など横浜出身の投手は、フィールディングがプロの世界でもトップクラスである。その高い守備力の礎は、横浜時代の猛練習があったからだろう。**渡辺氏は、守備の上手い選手には正面の緩いゴロを打ち、それをしっかりさばけるように指導する。なぜなら、上手い選手には基本動作を徹底的に覚えさせるためである。逆に、上手くない選手には、身体を投げ出してようやく届くようなゴロを左右に打つ。**上手くない選手には、難しい打球をさばかせ、捕れた時に徹底的に褒めて自信をつけさせるのだ。**その後は、反復練習で自然と身体の使い方を覚えさせていくのだ。

小倉部長のスカウティングと判断基準とは？

選手に対する教育や人間性の部分は渡辺氏が担っている一方で、戦略や具体的な育成、スカウテ

★30　2006年センバツの八重山商工戦で見せた、ランナー2人をアウトにする挟殺プレー

イングは小倉氏が担っていた。**スカウティングに関しては、投手10人、遊撃手10人を獲得して、コンバートさせながらチームをつくっていく。**これは、野球において投手と遊撃手にいい選手が集まる傾向があるからだろう。また、いまの時代は捕手も2人ほど獲得する必要があると語っている。

スカウティングする選手の特徴としては**打者なら「強肩」「俊足」「振る力」**を一つの目安としている。**投手は「130km/h」か「決め球となる変化球」**が判断基準になる。**伸びる選手の傾向は、「野球観戦」ができる選手**だと話す。それだけ野球が好きな選手が、伸びていくということだ。「努力」では「夢中」に勝てないのだろう。

起用法に関しては、**実力が互角なら、上級生を起用する。**これは、時代の影響もある。今のご時世、保護者からのクレームもあるからだ。また、1年生から起用すると、天狗になるリスクもあるため、こうした総合的な理由から上級生を起用する。

●緻密に逆算された投手起用

小倉氏は、大会における投手起用のプランニングも細かく設定している。智弁和歌山の高嶋氏と同じように（P143）、「予選の初戦で負けようが、決勝まで進もうが、負けてしまえば結果的には何ら変わらない[CXVII]」と考え、先を見据えて戦うのだ。そのため、**基本的にエース一人で予選を勝ち抜こうとはせず、「投球回数配分」を行う。**神奈川県なら予選から甲子園にいくまでは6～7試合あり、エースの他の投手の力も必要になる。予選決勝はエースに託したいため、**準々決勝まで5試**

合のエースの投球回数は18イニング以内に収めるべく、投手の起用法を考える。

夏の場合は、先行逃げ切り型がベストとし、**甲子園に出るだけではなく、勝つためには予選でいかにエースの投球回数を少なくするのかをポイントに挙げる。**継投策に関しても、投手一人ひとりの好不調とフォームの違い、スタミナ、性格などを全て把握していなければ痛い目を見ると語り、プレッシャーがかかる場面で2番手にスイッチするとリスクがあることから、できるだけ、ピンチの場面ではなく**プレッシャーのない場面で代えることを意識している。**

「横浜高校10ヶ条」

小倉氏はこれまで様々なチームや選手を育成している。「勝つためにできること」を他の高校よりも多く、念入りに、しつこくやっているのだ。その細かい部分まで徹底的に言語化したのが左の教訓「**一流に育て上げるための10ヶ条**」[CXVIII]である。

・好素材の選手を集めること。
・効率のいい、無駄のない練習をすること。
・試合で起こりうる全てのことを洗い出し、全部できるように繰り返し練習すること。
・体力の限界の極限まで追い込むきつい練習の中で、選手のメンタル面も鍛えること。
・対戦相手をじっくり見て徹底的に分析すること。

・その分析を活かすため、試合のために練習すること。
・その活かし方。野球はどこを見るのか、何を考え野球をすればいいのか教えていくこと。
・大学でやれるレベルなら、そこまで知ってるのかと思われるほど野球を覚えていくこと。
・プロに行ける素材の選手には、プロで活躍するのに必要なことまで教え込む。
・自立した一人の男になれるよう練習で厳しくしごき上げること。

選手達は、渡辺氏から練習態度・学生生活・寮生活・私生活について、小倉氏からは技術面を徹底的に指導された。卒業後に、選手達は「あの3年間があったからこそ、今も頑張れています！」と言っており、渡辺氏と小倉氏の指導は間違いではないことを実感しているようだ。

横浜から羽ばたいた教え子たち

渡辺・小倉両氏の指導を受けた選手には、プロ入り後も大きく成長し、タイトルを獲得したり、WBCで世界一に輝いている日本代表選手もいる。今回はそんな4選手を挙げていきたい。

まずは、「平成の怪物」と称され、WBCでは2大会連続MVPを獲得した**松坂大輔**だ。高校時代、松坂は身体能力の高さに加えて、ショートゴロやセカンドゴロでも飛びついて捕りにいこうとしていたそうだ。その積極的な姿勢から「これは大きく育つんじゃないか」と半信半疑ながらも、小倉氏には期待感があった。

また、夏合宿ではノック20本に1度水を飲ませながら、**アメリカンノック★31を4本に1本捕れるか捕れないかというところに計50本打ったが、それを捕り切ったそうだ。**★32 その時の驚異的なスタミナから「松坂は化け物だ」と感じたという。さらに、2年生春の段階で142、143km/hを記録し、渡辺氏と「これはドラフト1位になるぞ」と確信を持った。その後も成長していき、小倉氏のもとフィールディングやクイック、牽制《けんせい》を徹底的に練習した。**その結果、投手の主要タイトルはもちろんのこと、パ・リーグ投手記録の7度のゴールデングラブ賞を獲得している。**

次は、2003年のセンバツ準優勝投手の**成瀬善久《よしひさ》**（元・東京ヤクルトスワローズ）だ。成瀬に対して、小倉氏は松坂のようなスピードは求めず、「星野（伸之）のように投げてみろ」[CXIX]と指導し、テイクバックを小さく、左手をリリース直前まで背中に隠して投げるフォームへと改造した。それが、**「招き猫投法」**だ。その結果、2年生秋の神奈川県大会では、99イニングで四球はわずか9個。プロ入り後も、2007年に最優秀防御率や最高勝率を獲得した。

3人目は、様々なタイトルを獲得し、今も現役として各球団で活躍している**涌井秀章**だ。涌井は、当時から走る力はあったが、足首から腿《もも》、股関節あたりが非常に弱かったそうだ。そのため、片足伸脚や片足跳び、うさぎ跳び、カエル跳びなどの下半身のトレーニングが苦手で嫌いだった。そこで、**走ることが嫌いな涌井には目先を変え、結果的に走っているような練習をさせた。**

★31 外野のフィールド全体を使うノック。
★32 松坂は4時間のあいだ、60～70メートルを走り続けたという。

具体的に、涌井は、ボールを使って走る練習が好きで、自分からその練習をよくリクエストしたため、応えるようにしたそうだ。ピッチングの方は、松坂のように球速が伸びていったため、フィールディングやクイック、牽制を徹底的に練習させた。その結果、涌井もプロで4度のゴールデングラブ賞を獲得している。

このように、**各指導法を見ても、投手の性格や体格、身体の構造などを理解し、選手のポテンシャルに合った練習方法で、実力を最大化していることがわかる。**また、小倉氏は技術的な指導のイメージが強い中で、各投手の性格も理解できるのは、日々の練習から選手と向き合っているからだろう。選手を見る目から方法論まで一流だからこそ、これだけの投手を輩出しているのがわかる。

最後は、打者として本塁打王などを獲得した**筒香嘉智**だ。小倉氏は中学時代の筒香を見て、「こんな凄い選手がいるのか」と驚愕《きょうがく》したそうだ。現在は左打ちだが、当時「ボク、右のほうも自信があるんですよ」と余裕の表情を覗《のぞ》かせた筒香は、その言葉通り右打席でも結果を残していた。しかし、入学後、筒香は思うような成長はしなかったという。そんな中、3年生時の宮崎遠征で10打数1安打に終わったことで、小倉氏からボロクソに言われ、そこから筒香は変わったそうだ。チームの主砲として活躍し、結果的には高校通算69本塁打を記録したが、それでも小倉氏は物足りない成績に感じていた。ただ、**打球の速さや飛距離は群を抜いており、プロ入り後も活躍できるスラッガーになれると予見していた。**

渡辺・小倉コンビの横浜こそ「個」と「チーム」を融合した理想的なチームだ

渡辺氏と小倉氏が率いた横浜は、全国屈指の強豪校でありながら、多くのプロ野球選手も輩出した。ほとんどがプロ入り後にタイトルを獲得しており、チーム全体の強さも個々のレベルも目を見張るものがあった。かつて中村順司氏が率いていたＰＬ学園も、数多くのプロ野球選手を輩出していたが、**現代に限れば、横浜の方がプロ選手を多く輩出している。**

個の力を磨きつつ、甲子園でも勝てるのは、非常に理想的なチームビルディングである。

１９８５年や１９８７年のＰＬ学園も個とチームのバランスが素晴らしかったが、横浜もエース級の投手を複数抱える投手陣と、ベンチメンバーまで高いレベルの野手陣がいた。この２つが揃った横浜は、**トータルベースボール**[★33]**が必要とされる現在から見ても理想的なチームといえるだろう。**

ポイントひとつかみ

渡辺監督と小倉部長がやること・やらないこと
やること：時代や選手の性格に合わせて柔軟に指導法を変えていく
やらないこと：全て自分一人で管理しようとする

★33 大技から小技まで駆使しながら試合を進めていく戦略。ディフェンス力の高さとミスの少なさに加え、相手のミスに付け込む走塁や意表をつく奇策なども求められる。

【まとめコラム】

監督を勇退した渡辺氏のこれから

小倉氏とのゴールデンコンビで横浜高校を全国区にした渡辺氏。これまでを振り返っても、松坂などの多くの名選手を送り出している。**「組織の力」で甲子園優勝を目指す高校野球において、プロ野球でも活躍できるレベルの「個の成長」も実現させたことは特筆すべき点だ。**また、成瀬や伊藤将司など、高校野球では大いに活かすことができる左腕を単年ではなく、複数年計画でエースとして育成した。就任中の約40年間安定して結果を出し続けてきた強さの裏には、小倉氏とのコンビネーションがあった。人間力や教育は渡辺氏、技術的な部分は小倉氏に任せ、役割分担をしたことにより、選手育成に割ける時間と成長を最大化させた。激戦区神奈川県のトップとして横浜の一時代を築き上げた名将は、後世に語り継がれるに違いない。

「アグレッシブ・ベースボール」を標榜する東海大相模・門馬敬治の〝攻めの姿勢〟と盤石な投手運用

東海大相模を21世紀の屈指の強豪校に成長させ、甲子園を4回制覇したのが門馬《もんま》敬治《けいじ》氏だ。2022年からは創志学園で指揮を執っており、2024年のセンバツで甲子園に帰ってきた。**甲子園の通算勝率は.795と、大阪桐蔭・西谷氏に迫る勢いである（P3）。**左が門馬氏就任時と前任者の東海大相模の甲子園における成績だ。

・村中秀人氏就任時：5勝2敗、春の甲子園に2回出場。春の甲子園準優勝1回。
・門馬敬治氏就任時：31勝8敗、春の甲子園に9回（交流試合含む）、夏の甲子園には4回出場。春の甲子園優勝3回、夏の甲子園優勝1回。

門馬氏が掲げる野球といえば、**「アグレッシブ・ベースボール」**だ。守備でも走塁でも積極的に攻め続けるのだ。これまでの監督のキャリアを振り返ると、春夏ともに優勝を経験している。

特に**2011年のセンバツ優勝時のチームは、前年夏の準優勝メンバーが揃っていた。**メンバーには、田中俊太（元・横浜DeNAベイスターズ）や菅野《すがの》剛士《つよし》（現・千葉ロッテマリーンズ）、渡辺勝《まさる》

（元・中日ドラゴンズ）といった、のちにプロ入りした選手3人を擁した。

　チームとして見ると、**準決勝の履正社戦では1試合2本の満塁ホームランが飛び出し、大会通算113塁打、大会通算74安打はどちらも新記録であった。**恵まれた打力を背景に、大会を通じて余裕のある展開や点差で勝ち上がり、危なげない試合展開で優勝を果たした。

　また、夏を制した2015年は、小笠原慎之介（現・中日ドラゴンズ）と吉田凌《りょう》（現・千葉ロッテマリーンズ）を擁した投手力はもちろんのこと、豊田寛《とよだひろし》（現・阪神タイガース）や杉崎成輝《すぎざきなるき》を中心とした野手陣の打撃力も高く、初戦から決勝まで5試合中4試合で初回に先制点を挙げた。さらに全ての試合で2桁安打を記録しており、大会を通して優位に試合を進めていたことがわかる。チーム打率は、大会ベスト4以上の高校でダントツの.370を記録した。[★34] 守備面でもベスト4以上の高校では早稲田実業と並んで失策は5つのみ。[★35] **投打ともに盤石な体制の東海大相模は、高校野球100周年を祝う年の優勝校として、相応しい強さを見せた。**

指導者もいっしょに成長していく

　門馬氏の選手育成は、自らもともに成長することを意識している。「大人がチャレンジする姿を見せていかなければ、選手だってチャレンジをしなくなります。それをある人は『組織はリーダーの器以上にはならない』と言うわけです。リーダーが成長していかなければ、組織は成長しない。選手は、こちらが思っている以上に大人の姿を見ています[CXXI]」とコメントしているように、指導者も選手と同様に成長していくことの重要さを主張している。

「指導者は選手の前に立つ人間です。選手は、監督の背中を見ていた。言わば、後ろ姿の教育なわけです。後ろ姿でどれだけ感じさせることができるか。だから、指導者が成長しなければならない」[CXXII]とも話す。**また、時にはコーチが前に行き、監督が後ろに下がることもある。コーチを育てたい時はこの陣形をとるのだ。**

指導者自身も成長することや能力を磨く必要性に関して、門馬氏は「今の時代は、選手との距離を近づけるとか、褒めるとか、認めるとかよく言われますが、そう言ったことではないと思っています。コミュニケーションの原点は、聞く・話す。それは距離が近いとか遠いとか関係のないことですよね。選手にとって、門馬は話を聞きたいと思える人間なのかどうか。面白いこと言うなとか、なるほどねとか、こんなことまで知っているのとか。知識、教養、マナー、モラル、いろいろな要素があると思います。ぼくがそういう人間かどうかが大事です」[CXXIII]と言う。**指導者には野球以外の能力も必要と感じているのだ。**

そのためには、野球以外でも選手の模範になるように、自身がグラウンド外の日々でも成長をしていくことが、選手を成長させる上で、重要だと感じているのだろう。

★34 仙台育英は.329、関東一は.300、早稲田実業は.347

★35 仙台育英は6個、関東一は10個

◎主導権を取りにいく積極的な攻撃

実戦面について、門馬氏は「いつも試合の入り方を大事にしています。うちのテーマは、『試合の前に1試合終わらせよう』。それぐらいの気持ちのこもったアップをして、試合の前に試合が始まっている意識を持たせている」[CXXIV]というほど、試合前の準備に力を入れていることがわかる。**作戦面では、初回からストライクを積極的に振り、状況に応じたヒットエンドランも織り交ぜていき、相手バッテリーにプレシャーをかけていく。**恩師である原貢氏の「攻撃は最大の防御なり」という言葉を引き継いでいる。それが、チームスローガンの「アグレッシブ・ベースボール」だ。

打順の組み方も、初回の得点率に関わっていくため、基本的には1番打者にチームで一番いい打者を置いている。さらに、2番打者には小技も強攻策にも対応ができる打者を起用し、**この2人で点を取りにいくことも多い。**

例えば、2011年のセンバツでは**渡辺と臼田《うすだ》哲也の1、2番コンビで48打数22安打8打点を記録。**ただ打つだけではなく、ランナーとしても相手投手にプレッシャーを与えた。

門馬氏は、「野球は打つスポーツ」ではなく、**「得点を取るスポーツ」**と話すように、**打てなくてもランナーとして出塁した時に、得点に繋がる走塁ができるかを重要視している。**積極的な走塁をしていくことで、主導権を握れることもある。出塁した際、牽制を投げさせることにより、相手投手はいい思いをせず、ペースも乱れる。牽制が多くなればなるほど、打者への注意力は下がり、クセも見破ることができるのだ。

このような積極的な走塁意識を常に持てるように普段から練習しており、「質より量」や「型よりコツ」を選手に意識させている。

「プロ級」の小笠原・吉田の二枚看板で制覇した2015年

投手の継投策を見ていくと、2015年夏と2021年春は素晴らしいものがあった。2015年はプロ級の小笠原慎之介と吉田凌の二枚看板を上手く運用した。

前年の2014年夏は甲子園初戦敗退と悔しい思いをした中で、翌年夏は大会前から優勝候補筆頭。そんな東海大相模は初戦から順調な試合運びを見せた。

初戦は聖光学院が相手だったが、先発はエースの小笠原ではなく右の吉田。「周りは、小笠原が先発だと思っていたでしょうね。吉田のスライダーは独特の軌道で、初めて見るバッターはなかなか対応できない。内側に食い込んでくる分、左バッターのほうが打ちづらい。聖光学院の打線を見ると、スタメン6人が左で、キーマンとなる上位（一番、三番、四番）も左。あとは、ある程度は得点が取れると思っていたので、それもあっての吉田の先発でした」[CXXV]という意図があった。**その期待に応えるように、吉田は8回1／3を投げて試合をつくり、最後は小笠原が締める豪華投手リレーを見せ、圧倒して初戦突破。**

3回戦の遊学館戦の先発は小笠原。8回まで2失点の好投を見せて、当時2年生の北村朋也に良いかたちで繋ぎ、準々決勝に進んだ。初戦の吉田のピッチングを目の当たりにした**小笠原は、この試合でエースの意地を見せた結果になった。**準々決勝の花咲徳栄戦は、3回、4回に先発の吉田が攻め立てられ、逆転を許す。**しかし、2番手としてマウンドに上がったエース小笠原の好リリーフで流れを引き寄せて、逆転勝利した。**

準決勝の相手はオコエ瑠偉《るい》（現・読売ジャイアンツ）を擁する関東一。**先発の吉田は前回の試合とはうって変わり、序盤からオコエを完璧に抑え、7回まで1失点の好投を見せた。**初戦と同様に、この試合も吉田から小笠原の継投策で、決勝進出を決めた。

決勝は大会前の下馬評通り、前年の明治神宮野球大会優勝校で、佐藤世那《せな》（元オリックス・バファローズ）と郡司裕也（現・北海道日本ハムファイターズ）のバッテリーや平沢大河（現・千葉ロッテマリーンズ）を擁する仙台育英との対戦。先発は小笠原だったが、仙台育英に6回二死から四球と2本の単打で満塁のチャンスをつくられると、佐藤将太がタイムリースリーベースを放ち、追いつかれる。

しかし最終回、小笠原が浮いたフォークを狙い、**自らのバットでホームランを放ち、勝ち越し。**その後も緊張の糸が切れた佐藤を責め立て、追加点を挙げた。最後は小笠原が三者凡退に打ち取り、東海大相模が45年ぶりの夏の甲子園優勝を飾った。大会中、**門馬氏は、小笠原と吉田を切磋琢磨させながら、2人の投手を大会期間中に成長させ、自身初の夏制覇を成し遂げた**（図13）。

●エースを万全な状態で臨ませる運用力

２０２０年は新型コロナウイルスで春夏の甲子園が中止になったことから、**実質「球数制限」の元年となった２０２１年のセンバツ大会の投手運用法のバランスは素晴らしかった。**

初戦の東海大甲府戦では、エースの石田《いしだ》隼都《はやと》（現・読売ジャイアンツ）ではなく、石川永《えい》稀《き》を先発に起用。石川は８回を１０４球１失点の好投を見せる中、石川の疲れや延長を見据えて石田にバトンタッチした。その石田も文句なしのピッチングで３回を52球１安打に抑えて接戦を勝利した。

中５日で迎えた２回戦の鳥取城北戦も、１点を争う接戦となったが、この試合も石田をリリーフに回して、先発は求《もとめ》航太郎が起用された。求はその期待に応えて、4回を55球無失点に抑えて、石田に繋げた。**その石田は、この試合でも完璧に近いリリーフをして、5回を**

【図13】

2015年夏の甲子園成績

名前	試合数	投球回数	球数	奪三振数	防御率
小笠原慎之介	5	25回	392	20	3.24
吉田凌	3	19回	300	13	1.89
北村朋也	1	1回	16	1	0.00

【図14】

2021年センバツ成績

名前	試合数	投球回数	球数	奪三振数	防御率
石田隼都	5	29回1/3	403	45	0.00
石川永稀	2	11回1/3	194	8	2.38
求航太郎	2	6回1/3	91	3	0.00

70球無失点のピッチングを見せて勝利した。

中2日で迎えた準々決勝の福岡大大濠《おおほり》戦では、石田が116球を投げて圧巻の完封勝利を成し遂げて、勢いづけた。**この試合の翌日は休養日だったため、石田を完投させたと考えられる。**

そして、準決勝の天理戦も石田が122球を投げて15奪三振の完封勝利で決勝進出を決めた。**決勝前時点で1週間の球数を見ると、石田は308球、石川は0球、求は55球**と余裕を持たせて、決勝進出している。

一方、決勝の相手である明豊は、京本真が103球、太田虎次朗が264球、財原光優が106球と3投手の割合が均等だった。東海大相模は、決勝で総力戦の選択をし、**一番打たれることがない石田から逆算した継投策**をした結果、先制されたものの明豊打線を2点に抑え、優勝を成し遂げた。

特に二死一、二塁のピンチとなった場面で、**今大会無失点の石田がリリーフでマウンドに上がって、ピンチをくぐり抜けた場面があったが、ここで東海大相模に流れを引き寄せたのではないだろうか。**結局、石田に関してはこの大会で29回1／3を投げて無失点という驚異的な記録を残した。まさに、球数制限が設けられた中で、エースを重要な試合や場面で万全な状態で投げさせられた結果といえるだろう。

このように、**大事な試合でエースを万全の状態で投げさせられる盤石の投手陣と監督の運用力が、現代の高校野球には絶対条件だ。**石川は初戦で試合をつくり決勝でも失点はしたものの、最低限ゲームはつくった。求に関していえば、大会を通して先発から中継ぎをこなしながら無失点を記録した。まさに、投手陣が自らの役割を理解した上で、各々が高いパフォーマンスを残した結果だった（図14）。

逆にこの大会で敗れたチームを見ると、天理の達孝太《たつこうた》（現・北海道日本ハムファイターズ）は準決勝前に左脇腹を痛めたことや既に3試合459球を投げていることを考慮して、投げなかった。さらに、中京大中京のエース畔柳亨丞も、準決勝前の3試合ですでに379球を投げていた。準決勝も4回途中からリリーフしたものの「ベンチに帰ったときに腕に力が入らなくなった」[CXXVI]と、マウンドを降りた。

ここしばらく投手の酷使や勤続疲労が問題視されているが、身体ができていない高校球児では、なおさら長期的な視点で見ることが必要だ。球数制限に限らず、点差がついた場面や実力差がある相手と対戦する場合には**エースに依存しすぎず、「降ろす勇気」も監督には重要になっている。**

ポイントひとつかみ

門馬監督がやること・やらないこと
やること：〝待ち〟ではなく、能動的な姿勢を推奨する
やらないこと：一人の絶対的な投手に頼る

【まとめコラム】

門馬監督のこれから

門馬氏は東海大相模の監督を退任した後、2024年には創志学園でも「アグレッシブ・ベースボール」で甲子園復帰戦を勝利した。東海大相模を強豪校に成長させ、神奈川県では横浜に並ぶ名門にした手腕は今も健在である。**2024年のセンバツ初戦では、タイムリーなしで4得点を記録したが、低反発バットにより守備・走塁力の強化が求められる中で、門馬氏の積極走塁を活かした野球はかなり相性がいいと感じた。**さらに、投手の育成も優れていることから、球数制限も気にせず投手陣を形成できるだろう。また門馬氏は、甲子園で春夏ともに優勝を経験していることから、**甲子園の勝ち方を知っており、戦略性とトレンドを組み合わせていければ、創志学園でも非常に期待ができる。**

強力打線をつくり上げた日大三・小倉全由が大事にした「選手ファースト」の意識

西東京地区屈指の強豪校で21世紀最初の夏を制したのは、小倉全由《おぐらまさよし》氏が率いた日大三だ。

2023年の3月末をもって勇退したが、実績を見れば名将と言っても過言ではない。特に**2001年夏の甲子園では、チーム打率.427と、**前年の優勝校・智弁和歌山が残した大会記録を更新する強力打線を擁しながらも、前年の智弁和歌山と同様に複数人の投手を活かして優勝。**「複数の投手+強力打線」を高校野球の新しいトレンドにした一人**である。

そんな小倉氏は、**優勝するチームをつくることはもちろん、プロ野球の世界で活躍する選手も育成している。**オリックス・バファローズのパ・リーグ3連覇に貢献した山崎福也《やまさきさちや》（現・北海道日本ハムファイターズ）や、連覇を果たしたアジアプロ野球チャンピオンシップ2023日本代表に選ばれた坂倉将吾（現・広島東洋カープ）は、小倉氏の教え子である。左が小倉氏就任前後の日大三の甲子園成績である。

・高橋洋一氏就任時：甲子園出場なし。
・小倉全由氏就任時：30勝16敗、春の甲子園に7回、夏の甲子園には11回出場。春の甲子園準優

勝1回、夏の甲子園優勝2回。★36

・三木有造氏就任後：2勝1敗、夏の甲子園には1回出場。

小倉氏は24歳という若さで監督としてのキャリアをスタートした。最初に就任した関東一では、1987年センバツで準優勝に導いた。その後、1997年に母校の日大三の監督に就任すると、2001年には初の夏の全国制覇を達成し、2010年センバツでは自身2度目の準優勝。翌年2011年の夏には自身2度目の夏の甲子園で優勝に導いてみせた。

甲子園で輝かしい実績を持つ名将だが、2024年からはU－18の日本代表の監督を務めることになった。**日大三といえば、2001年と2011年に強力打線で優勝しているイメージが強い。**2001年の夏には、90安打7本塁打を記録し、2011年夏は、2001年に記録した総得点を11点も上回る61を記録している。

強打の裏には高いディフェンス力

これだけの打力のあるチームをつくり上げていきながら、**小倉氏率いる日大三はディフェンス力もトップクラスである。**優勝した年のチーム失策数を振り返ると2001年は4つで、2011年はわずか2つ（P36）。また、犠打も2001年は20、2011年は21を記録しており（P97）、細かいプレーにおける精度の高さも見られた。小倉氏が「**10対0で勝つことを目指す**」と語るように、優勝する年のチームは他校と比較しても圧倒的な強さを見せている。

ちなみに、2006年の西東京大会決勝では斎藤佑樹（元・北海道日本ハムファイターズ）を擁して同年夏の甲子園を制した早稲田実業に対し、延長11回までもつれる試合をした。小倉氏はこの試合に関して、「普通、夏の予選の場合はイニングを追うごとに投手の球速は落ちてきてしまうのですが、斎藤君は違いました。イニングを追っても球速は落ちないどころか、維持、もしくはそれ以上になるのです。延長に入ってウチが有利かなと思っていたのですが、延長10回表にウチが1点勝ち越したものの、その裏に早実に追いつかれ、11回裏にサヨナラ負けを喫してしまいました。斎藤君を連投させていたのは、暑い夏の大会を乗り切るためのスタミナ作りだったんだなと、後になって気づいたのです[CXXVII]」とコメントしたように、斎藤のスタミナに驚いており、その斎藤は甲子園優勝投手となった。

　さらに、翌年の優勝メンバーが揃っていた2010年のセンバツでも、この年春夏連覇を達成した興南との決勝で、延長12回まで死闘を繰り広げる強さも見せた。興南のエース島袋洋奨《ようすけ》（元・福岡ソフトバンクホークス）から5点を奪い、この大会では1試合平均9・2得点を挙げた。**決勝でも、小倉氏は打者にフルスイングを指示し、優勝校を大いに苦しめた。このように、優勝校と対等に戦えるチームをつくっており、名試合も繰り広げていたのだ。**

★36　関東一時代を含めると、37勝20敗、春の甲子園に9回、夏の甲子園には13回出場。春の甲子園準優勝2回、夏の甲子園優勝2回。

●メリハリのある管理でモチベーションを上げる

小倉氏の選手に対する管理法は、時代との兼ね合いも含めて、バランスが良いイメージがある。身体をつくる食トレに関しては、「無理やりに食べさせようとは考えてこなかったですね。アスリートなら、どんぶり飯を3杯くらい食べなきゃだめだろうとは思ってはいますけど、こちらの指示通りに食べなければ、食事の席を立ってはいけないとか、ご飯のグラムを量ったりはしないです。食事は楽しく食べるものだと思っています」[CXXVIII]とコメントするように、ただ胃に詰め込ませるのではなく、**美味《おい》しく食べながら成長させることを大前提**としている。

また、ここまでの強豪校にもかかわらず、定期的に休みの日がある。2週間に一度は、野球部内で〝外出〟と言われる帰宅日になる。練習中にも、「今日、オレのノックを50本捕ったら、明日は休みにしてやるぞ」[CXXIX]という提案をし、選手のモチベーションを上げていくこともあり、選手の休息はもちろん、選手の練習へ取り組む姿勢にも大きな影響を与えている。小倉氏自身も、「強弱をつけてやればいいんです。ノルマとか切羽詰まった生活はずーっとさせていたら、力を出し切れないと思いますね」[CXXX]と話すように、メンタル面をリフレッシュさせている。さらに、**夏の大会前にも完全休養の1日を設けている。**期末試験が終わると授業がなくなり、多くの強豪校が追い込みをする時期だが、小倉流は異なる。練習量は普段の3分の1程度。疲れを取り、体調を整えることを優先するのだ。これは、**選手の力を最大限活かすために、リフレッシュさせているのだろう。**

選手のことを第一に考えたコミュニケーション

そんな小倉氏だが、**選手とのコミュニケーションに関しては、**「選手ファースト」といえる。自身も選手とともに寮生活をし、24時間野球や選手と向き合い、週に1日は自宅に帰宅する。このオンオフで監督生活を過ごしてきた。**この寮生活は、グラウンド以外でも選手のいい部分や悪い部分を見られること、何かあればすぐに声を掛けることができるのがメリットだ。**

また、試合前々日はその世代のテーマソングをみんなで歌い、ケーキを食べて決起集会を開く。この決起集会で、試合前にいい雰囲気を創出し、「よし、明日いくぞ」と、選手達の心に火をつけることに繋がるのだ。

小倉氏の育成法とチームビルディングにも〝らしさ〟がある。**「野球は思いやりのスポーツ」**という概念のもとで指導をしていくのだ。小倉氏が選手に求めるのは、思いやりのあるプレーである。その他にも、選手に対しては見放すことなく、何度でも教えるのだ。

また、**怒った後は選手をフォローし、試合でミスをした選手にはチャンスを与えるなど、監督として面倒見の良さがわかる。**選手との信頼関係を築きながら、成長させていき、いい選手といいチームをつくっていくのだ。

さらに、**選手に対しては得意なことを認めてその子のチーム内での存在感をつくり、いいことがあればみんなの前で褒める**など、選手の技術面はもちろんのこと、メンタル面からも個々の持っているポテンシャルを最大化できるように指導している。

主将には「一生懸命で叱りやすい選手」を選ぶ。「苦しい時にどれだけ頑張れるか。自分の姿で引っ張っていけるか。そんな熱い人間」が小倉氏の求める主将なのだ。

強力打線をつくってきた小倉氏の〝こだわり〟

「いくらいい投手がいても、バッティングのチームをつくる」。小倉氏はこのポリシーでチームをつくっている。そこで**大事にしているのは、楽しくバッティングさせること**である。一方、守備に関しては、ノックに自信を持っており、小倉氏は、「上手くしてやろう」という思いを選手に届けながら打っている。その想いに応えるように、選手達は成長していくのだろう。

小倉氏は、**打撃練習でいい内容の打者には声を掛ける。監督から声を掛けられれば、モチベーションも上がり、打撃練習も楽しくなるため一石二鳥である。**

加えて、打撃の練習方法に関して、非常にバリエーション豊かである。具体的には、できるまで振らせることや不調の選手にはワンバウンドのボールを打たせる、重いバットや長いバットでスイングさせるなど、強いこだわりを感じる。

また、フリーバッティングの3ヶ所の横でロングティーを行い、バックネット裏ではティー打撃を行う。夕食後も、個人練習として寮に併設された室内練習場で打ち込む選手もいるのだ。少なく見積もっても、**各選手1日1000スイングはしている。**

甲子園滞在時の練習に関しても、調整感覚ではなく普段の練習と同じ数のスイングをさせる。これが小倉氏率いる日大三だ。いつも通りの練習ができるように、甲子園に出場する際は、運送業者に頼んで、ネットなどの大型の用具を持ち込むようにしている。さらに、宝塚にあるバッティングセンターで2時間打ち込む日もあるのだ。しかし、これだけ打撃練習に力を入れていても、試合直前は、コンディショニングを重視するため、休養を優先している。

このように、**創意工夫で練習量が減ることも上手くカバーしていることが、予選と同様に甲子園でも強力打線を披露することに繋がっていったのだろう。**

「足が遅くても1番に」セオリーとは反対の打線づくり

採配面では、打順に関しては足が遅くても打てる打者を1番打者として起用することが大きな特徴だ。実際のところ、甲子園に出場したチームの1番打者で、1985年の関東一時代の寺島一男が4試合で4盗塁し、2001年の日大三の都築克幸《つづきかつゆき》（元・中日ドラゴンズ）が6試合で3盗塁を記録しているが、この2選手を除くと**23試合で1盗塁しか記録していない。**

「足が遅くたっていい。少々走れなくたって、デカいの打っちゃえばいいんだよって感覚だから。一番で、そのゲームのしょっぱなの打席で（バットの）芯食わねえヤツは大っ嫌いですね」[CXXXI] とコメントするように、**一般論である「1番打者=俊足」という考えはないのだ。**この理論を見ると、実戦においても打撃に対して強い思いがあることがわかる。

なお、**好投手と対戦する際には、打席でスライダーが見える位置に立たせる。**高校野球の好投手の共通点は、球速があるのはもちろんのこと、いいスライダーがある。そのスライダーのほとんどが振らせる球なので、見送ればボール球になるのだ。さらに、**相手の投手を見て、タイミングを取るポイントも教える。**具体的には2018年の国体では近江の林優樹（現・東北楽天ゴールデンイーグルス）と対戦した時だ。「林は足の上げ方が大きい。あの足に惑わされちゃダメだよ。足が上がったあと、分かれて来るんだから、そっからだよ。足を上げたところで、自分が何かやってるから打てねんだよ」[CXXXII]とアドバイスを送ると、攻略に成功した。

小倉氏は、自陣打線にタイミングの合わせ方を教えられるように、相手投手を注意深く観察するのだ。**さらに、劣勢の試合展開の時ほど積極的にスイングを仕掛けるよう促す。**

これは、劣勢の展開で選手達が能力を出しきれない理由にはメンタル面があるからだ。そのため、積極的にスイングを仕掛けていく。ただ、無理に打ちにはいかず自分のポイントまで呼び込んでスイングするのだ。**劣勢の終盤でこれができるからこそ、日大三の強さがあったのだろう。**

◉エースを登板させる本当の意味

投手継投に関しては、エースを出し惜しみしない継投策をとる。絶対的なエースがいればいいが、そうでなければ先発のイニング数や2番手の選定、試合の組み立てを考える。

そこで注意をしなければいけないのが、**理想通りを求めないことだ。**「自分の中で先発は何回までって決めてることはありますよね。例えば、6回までと。そう思っていても、5回にランナーを出したり、思うようにいかないとスパッと代えますね。それまで抑えてるとか、もう1回投げさせたいとかは考えない。それと、6回までと決めてたら、『ここまでいいピッチングしたから、次もやってくれるんはないか』っていうのはないようにしています」[CXXXIII]と話す。継投に関して、**フラットな視点を持って投手運用していること**がわかる。また、エースを先発させない試合では、先発が得点を取られる前に早めの継投で、エースに交代させるのだ。**エースの登板はチームに安心感を与えるため、投球内容だけではなく、全体の士気を高める狙いもある。**

ポイントひとつかみ

小倉監督がやること・やらないこと
やること：常に厳しさを求めるのではなく、メリハリをつける
やらないこと：セオリー通り俊足の選手を1番に置く

【まとめコラム】

監督を勇退した小倉氏のこれから

強打の日大三をつくり上げた第一人者が小倉氏だ。その指導法は時代に柔軟に対応しており、美味しく食べさせる食トレの再定義化や定期的な休暇を取り入れるなど、**根性論だけではなく選手育成において効率面を含めてバランス良くマネジメントしていた。**さらに、選手とのコミュニケーションや距離の取り方も優れており、選手から信頼されているからこそ、どの時代でも勝ち続けられたのだろう。また、技術的な部分では打撃に関して強いこだわりを見せており、**2001年夏に、打率記録を更新した上で甲子園優勝を果たしたのは、小倉氏の指導が高校野球において正解の一つという証だろう。**今後や解説者などで外から見た高校野球の評論に期待したい。

第5章

まとめ・考察

個を育成するために必要なこと

本書では様々な高校野球の監督を見てきたが、それぞれチームビルディングから育成、采配などが全く異なってくる。

しかし、どの監督にも共通して言えるのが、**選手達に「高校野球を通じて人間的に成長させる」ことを意識している点**だ。そのため、高校野球を人生のピークにするのではなく、高校野球が終わった後もより良い人生を歩めるように教育している。

●イチローから学ぶ　チームと個人の目標設定を分けることの重要性

『MAJOR』という1994年から2010年まで連載された野球漫画がある。この物語は、主人公の茂野吾郎が幼稚園生の頃から始まり、リトルリーグ、中学野球、高校野球、マイナーリーグ、世界大会、メジャーリーグ、日本のプロ野球……と一人の人間の野球のキャリアとチームメイトや友人たちとの関わりを描いた作品である。

そんな『MAJOR』の主人公・茂野は、高卒後にメジャーリーグに挑戦し、マイナー契約からメジャーに這《は》い上がり、タイトルホルダーにもなった。この『MAJOR』が連載終了してから大谷が、現実で結果を残していることから、一選手として活躍することに憧れる球児たちが増えたのだろう。

また、時代のトレンドで見ても、**「個」の時代**といわれており、その点も拍車がかかっている。そのため、野球に限らずビジネスの世界でも、個人として成り上がることを目指すことに対して、以前よりも寛容な時代になった。

しかし、以前よりも個を強調するが故に、組織としてのマネジメントが難しくなってきたのも事実だ。そのため、今後は**チームと個人の目標設定をそれぞれ明確にすることが重要**である。なぜなら、甲子園優勝、ドラフト1位、メジャーリーグ……といった各目標までのプロセスは異なるからである。全てを勝ち取ることも、可能性としてゼロではないが、現時点では松坂大輔と田中将大しか達成していないのも事実である。

逆に、世界の誰よりもヒットを積み重ねたイチローは愛工大名電に入る前に「**ぼくの目標は甲子園ではありません。プロ野球選手にしてください**」[CXXXIV]と当時の監督中村豪《たけし》氏に伝えたという。そもそも、イチローが愛工大名電を選んだ理由は、中村氏の型にはめない指導方針や、選手達に「やらされている百発より、やる気の一発」[CXXXV]と提唱していたからだという。

イチローに加え、大谷や村上宗隆《むねたか》（現・東京ヤクルトスワローズ）、佐々木朗希（現・千葉ロッテマリーンズ）、山本由伸（現ロサンゼルス・ドジャース）のように、甲子園で活躍せずとも、圧倒的な成績を残している選手がさらに増えていくと、**「甲子園に出場」ではなく「プロで活躍」するための環境を選ぶ選手も増えてくるのではないか。**高校野球が高度化するにつれ、プロでの成功と甲子園での成績を残すことは、全く別物になっていくかもしれない。そんな中、**監督の立場にある人は、一人ひとりの目標設定を手伝うことにより、技術的な部分はもちろんのこと、選手達は人としても成長していくことだろう。**

◉「ヤンキーマインド」を持とう

現在は高校野球で勝つためにそつにないプレーの選手が増え、かつての選手が見せたようなプレッシャーに強い**「ヤンキーマインド」を持った選手は減ってきているのではないか。**

名門校は甲子園での勝率は非常に素晴らしいものがあるが、**選手個人として見ると高校卒業後は伸び悩む傾向が強くなった。**また、今の高校生は「全体最適化」されているが故に、良くも悪くも「お利口さん」な選手が多い。そのため、かつて活躍した選手のような独自性や「ヤンキーマインド」が満ちあふれる選手が少なくなったことから、プレッシャーがかかる雰囲気にのみ込まれる選手が増えている可能性は高いと見ている。

選手のマインドに関しては、「なめられたら負け」というある種ヤンキー的な闘争心やある程度の野蛮さはあってもいい。いくら科学的なトレーニングが進歩したり、データをもとにしたプレーが当たり前になっても、**最後は「動物的な強さ」が必要だ。**

それは、上の人から見ればある意味で都合の悪い、扱いにくい人間になることかもしれないが、指導者は受け入れていかなければならない。もちろん、選手達はあえて表立って反抗する必要はなくやり方は人次第だが、周囲の声に流されすぎず自分の都合に合わせて考える必要がある。

球数制限は本当に選手を守るのか

現在は、高校野球のルールが変更され、野球自体が大きく変わろうとしている。その象徴が、「球数制限」や「低反発バット」だろう。

球数制限によって、高校野球の戦略・戦術は変わりつつある。P30でも述べたが、球数制限は選手育成にも影響しており、普段の練習から球数が管理されていることで、投げるためのスタミナをつけづらくなっている。そのため、**実戦で練習以上の球数を超えた場合は、踏ん張りきれず大崩れをしてしまう可能性も高くなるだろう。**さらに、練習の時点で負荷をかけないため、緊張感のある実戦でパフォーマンスが発揮できなくなることや、本来なら怪我をしない球数で怪我をすることもあるだろう。

このようなことから、普段の練習から球数に制限をつけるのは、むしろ選手によって、あまりいい影響を及ぼしていないのではないだろうか。ただ、21世紀の高校野球において勝ち抜くためには、**一人のエースがいるだけでは不十分であり、複数の投手を運用しながら勝ち上がる「継投戦略」が重要になってきている**のである。

とはいえ、この２０００～２０１０年代の投手を見ると、一人で投げ抜いて優勝をした当時の斎藤佑樹や田中将大、藤浪晋太郎、今井達也、2年生で頂点に立った高橋光成《こうな》（現・埼玉西武ライオンズ）は甲子園の球史で見ても、やはり別格な存在だった。そうした印象が、「高校野球は一人のエースが投げ抜くもの」というイメージをつくり、**その後の甲子園でも（特に２０００年代後半から２０１０年代初頭）は〝一人エース〟の学校が定期的に注目を集めるようになった。**

21世紀の甲子園優勝投手を振り返ると、プロ入り後に2桁勝利を記録する投手から、リリーフの一角として活躍する投手、タイトルホルダーまでいる。高校時代の投げすぎで、プロ入り後はあまり活躍をしていないイメージが先行しているが、**相対的に見ると、優勝投手は活躍をしている割合が高いのではないだろうか。**

また、プロで活躍している優勝投手は、過去にほぼ一人で投げ抜いたこともあり、地力を感じる部分もあり、性格的にもプロ向きなのはあるのだろう。実際のところ、**プロで活躍している甲子園の優勝投手は、投手陣の総イニングで8割以上、もしくは個人で40イニングを投げている。**そのぐらいの馬力がないと、プロの世界では活躍できない指標という見方もできる。

しかし、近年は球数制限が設けられ、各学校が複数人の投手を擁し、分業制になりつつある。そのため、以前のように甲子園で勝ち抜いた投手でも、圧倒的な実力を持った投手が少なくなり、特に**スタミナ面で不安がある投手が増えていくと思われる。**今後は、先発投手として活躍するには、甲子園で活躍するよりも、**良い意味で負荷をかけられる環境で活躍することがプロで羽ばたく近道**

になる可能性もあるだろう。

この問題は投手や高校野球に限らず、スポーツ全体はもちろん、**ビジネスの「働き方改革」にも共通する問題である。**現代は効率化により、労働時間の削減などが行われている。データの普及により、〝ジクミ化〟などが進む中で、過剰な量の練習や労働は淘汰されそうになりつつある。

しかし、基礎体力や運動能力の土台づくりのためには、時には過剰な負荷をかけるような練習量は不可欠である。さらには、練習量は運動能力のみならず、精神的な自信や信頼感にも繫がる。例えば、主将やチームの中心選手が一番最後までグラウンドに残る選手であれば、他の選手達は大きな信頼感を持ち、チームにまとまりが生まれるだろう。このように、**効率的な練習や数字に囚われることによって、技術の向上やメンタルの強さを養う機会を失う恐れもある。**必ずしも、制度化が選手のためになるわけではない。豊富な人材を抱える名門校であれば、おそらく今後は投手運用がさらに洗練されていき、複数人の投手運用が増えていくだろう。そんな中、名門校が細かい**投手運用をしながらも個の力を高めていくヒントになるのが、2015年の東海大相模や2016年の秀岳館、2018・2022年の大阪桐蔭、2024年のセンバツを制した健大高崎、準優勝の報徳学園**である。ある程度長いイニング（短くても5回から6回）を投げられる投手を複数人育てながら、**ローテーションのように先発を起用することで、選手の成長とチームとしての戦略を両立させるチームが増えてくる**のではないだろうか。

昭和の野球漫画からわかる データやテクニック以前に「大切なこと」

高校野球を舞台にした『**タッチ**』という1981年から1986年まで連載された野球漫画がある。主人公の上杉達也が、亡き弟の上杉和也や幼なじみの浅倉南のために甲子園を目指す物語だ。

主人公の達也が3年生になった際に、臨時監督で柏葉英二郎氏が就任した。柏葉氏は、野球部に対して復讐心を持ち、異常な練習量を課して、選手を徹底的にしごいた。そのため、退部した選手も続出したほどである。さらに、練習試合ではやったこともないポジションを守らせるなど、めちゃくちゃな采配をしていた。しかし、この異常な練習量は選手を大きく成長させ、甲子園出場も夢ではないほどのチームになる。作中でも柏葉氏自身が、「今年の明青は強いぜ」と自画自賛するほどだ。その後、采配らしい采配はせず、決勝にまで進んでいるが、達也が「教え方は別として練習量は他校に引けを取らない」と言うように、圧倒的な練習量をこなしてきた明青は、劣勢をはね返せるだけの実力を持っていた。

この実力があったからこそ、決勝の須見工戦では相手選手のデータを活かした的確なアドバイスが活きたと思っている。作中で柏葉氏が「確率の問題だ」と言い、打てる確率が高いボールを狙い打ちさせる場面がある。このワンシーンも、「練習量」があったからだと感じている。

これは、あくまで漫画の世界だが、**現実世界でも量をこなすからこそ、データやテクニックが活きることがある。**正直なところ、高校野球で強豪校と呼ばれる高校は、練習量がとてつもない。そこにデータも加わるため、単年ではなく継続して強さを維持しているのだろう。『タッチ』が描かれた時代は昭和真っただ中で、高校野球では清原和博と桑田真澄（元・読売ジャイアンツ）のＫＫコンビがいたＰＬ学園が強かった頃である。野球は「確率のスポーツ」であると今でこそ認識されているが、当時はあまり浸透しておらず、**前述の場面は作者の先見の明を感じられるワンシーン**だったのは間違いない。

「叱って伸ばすスパルタ教育」vs「褒めて伸ばす教育」……マネジメントの正解とは？

ここまで各監督を見てきたが、彼らの**マネジメント術には共通点**があった。それは、「**自らのやり方を押し付けないこと**」である。なぜなら、選手の性格や特徴を修正してしまうと各々の良さがなくなるからだ。人間は叱られるよりも、褒められる方が気持ちいい。選手からすると、褒められるとやる気も出てくる。叱られれば落ち込んで、モチベーションも低下することがある。そのため、**状況によっては頭ごなしに叱るのではなく、まずは自主的に考えさせることも必要だ。**仮に自分のやり方を頭ごなしに押し付けてしまうと、選手は萎縮してしまう。

しかし、時には叱ることも必要である。厳しいことを言われることにより、選手の気持ちは引き締まるのだ。また、頭で考えるよりもまずは身体にしみ込ませることも重要である。そのため、スパルタが今でも消えない部分がある。球児全員がクレバーなわけではない。だからこそ、スパルタ教育で実力をつける選手が実際にまだ存在するのだろう。

ただ、昔ながらの指導者には、自分の時代のやり方や考え方を押し付けたり、怒っている自分に酔っていたり、承認欲求を満たすために武勇伝を気持ちよく話すことが優先になり、**マネジメントの順序がめちゃくちゃになっている人たちもいる。**野球に限らずスポーツの指導に対して「厳しい」という印象を与えた原因の多くが、このような指導法にあるのではないだろうか。さらに、叱る際も主題とされる話から論点をすり替えることや、ミーティングなどで話が長いことも昔ならではの悪い点だろう。

いい年をした大人が選手のためを考えず、未成年に向かって気持ちよくなっているのは、果たしてどうなのだろうか？　このような指導者は、選手が成長することではなく、優越感に浸ることを最優先にしているのだ。厳しい練習や指導はもちろん必要だが、**自己満足的なマネジメントを行う指導者は一刻も早く淘汰されるべきだと考えている。**

また、指導者の指示通りにプレーをしない選手は無理やり矯正されたり、最悪の場合干されることもあった。しかし、今では選手が自主的に見つけたことに対し、**根拠があればその自主性を活かす監督も増えている。**

以前は、親を含めた大人が子どもたちに対し、選択肢ややりたいことの機会を与えていた。しかし今は、情報過多のため子どもたちが自発的に選択肢を集め、親を含めた大人はその選択肢を取捨することになる。そのため、**大人たちは子どもの選択を上手くより良い方向に誘導する時代**になっているのだ。今後は、いくらスパルタ気質であっても、選手の意見に耳を貸し、自主性を受け入れる指導者が増えていくだろう。

高校野球でも、選手自身が調べたり、見つけ出したものを取り入れている高校は多くある。**以前よりも選手達で情報を得やすい時代だからこそ、選手に委ねることも含め指導者としての器が問われるのだ。**

上位層の成長を妨げる日本特有の「全体最適化」

P200で「今の高校生は全体最適化されている」ということを述べたが、**全体最適化は、チームの成長には非常に効果的だが、個の成長を止める恐れがある。**特に、優秀な選手が力を最大限に伸ばすことが難しくなるのだ。これは、ビジネスでも同じである。日本は、優秀な人材であっても、それ以外の人材とほぼ同等の対価しか得られない職場が多いため、優秀な人材は不満を感じたらすぐに去ってしまう。加えて、「出る杭は打たれる」といわれるように、〝全員が同じ状況〟を是とする風潮があるため、優秀な人材が足を引っ張られることがある。このようなことは本来あるべきではない。教育の一環である高校野球を含めた部活動では、なおさらである。

そんな中、高校野球に関しては、選手のメンタル面をケアしながら、同じ目標を全体で共有できていれば、足を引っ張り合いを防ぐことは可能だ。選手の意志を尊重すれば、個もチームを成長させることができる。そのため、**チーム全体で〝最適化された目標〟を持たせたうえで、「個」とし**

ての能力を促していくことがポイントになっていくだろう。

選手の個性を活かす環境が必要

選手達の自主性を奪うことでつくり上げたイエスマンの学生は、上の人から見たら使い勝手はいいかもしれないが、その選手が潰れた時に学校は知らんぷりをした上で、ほとんど責任を取ってこなかったのが事実である。さらに、多少たりとも生意気な選手には、年功序列や年次を利用した同調圧力で萎縮させてきた時代もある。**このように、個性や価値観が受け入れられず、生産性や面白みがない金太郎飴《あめ》のような「都合の良い人間」だけを輩出する環境や場所は、今後淘汰されていくのは間違いない。**

ある程度ヤンチャでありながら、肝が据わっている方が見ていても面白く、ここ一番に強い傾向がある。現代野球の育成や起用にもいえることだが、中長期のスパンで「大局観」を持ちながら、ものごとに取り組む高校が頭一つ抜けてくるだろう。それによって、**余裕がある時に新たな挑戦をしつつ、バリエーションを増やしていき、多様化を受け入れていくことが大事だ。**

これから求められるコミュニケーション術

監督と選手達のコミュニケーションは、時代で大きく変わる。特に、高校野球で**プロ野球などの世界と大きく異なるのは、選手が未成年ということだ。**いくら野球が上手くても人間としてはまだまだ未熟な時期であり、保護者や家族関係などにも配慮が必要だ。例えば、明徳義塾はお茶当番を一切させないという文化があるが、今後はこのような配慮もより必要になっていくだろう。私自身も、中学から家庭環境が良くなかったため、お茶当番や父母会参加などには非常に苦労していた。潜在的な部分で、選手のメンタルに影響が出る可能性も考えられる。

また、部活動ということもあり、実力主義の方針を採っていても、実力が僅差なら上級生を起用する高校も増えているだろう。もちろん中長期的なチームビルディングを考えれば、下級生を起用するべきだが、**プロの世界ではないため、このあたりも選手や父母会などへの配慮が含まれていると考えられる。**

体育会系のマネジメントを受けてきた方ならわかると思うが、暴力や体罰がないにしても「やめちまえ」「帰れ」などと言われることは多い。当然言われて良い気持ちがしないのは自明だ。とはいえ、そこで「耐性」がついてしまったが故に、一般社会において体育会系の人間が「ストレス耐性がある」ということで評価されるのはこういうところが理由だと見ている。

実際、日本の企業だと今でもパワハラまでいかずとも「詰められる」ことはありえるのが現状だ。当然そうした行為を肯定しないし、それで潰れてしまう人に全く責任はない。

しかし、マネジメントをする側としては、雑に扱っても休んだり文句を言ったりしない存在はラクなので、そういう勝手な都合で体育会系を重宝するのだ。大事な試合前であればまだしも、四六時中大きな声を出すことを強要する教育にも疑問がある。

ただ、その上でどうしても厳しく接する必要のある瞬間が出てくることもある。そういう時にどうするのか、指導者の手腕が問われている。**誰かを殴ったり罵倒したりせず、チームや選手に緊張感を保たせる方法が大切なのだ。**

レベルの高いチームなら、そもそも個々の意識が高いため、緊張感を持たせる必要性は少ない。推測ではあるが20～40代前半の人が指導者の場合、自身の原体験に体罰やパワハラによる教育が含まれていないことが多いため問題はなさそうだが、40代中盤～50代くらいの人が意識を変えるのはなかなか難しいとみている。**自分達が学生時代にやられたことを絶対にやってはいけないのだ。**

ただし、**西谷氏や須江氏のようにバリバリの「THE・体育会系」の経歴を持ちながら監督として自己をアップデートできている人もいる。**時代は常に変化しており、問題になる行動や言動は、すぐに可視化される社会になっている。

そんな中、マネジメントや指導法も変わりつつある。時代にあったやり方で、マネジメントしていくことも、今後はさらに重要になっていくに違いない。

指導法をアップデートせよ

指導法が変わりつつある中で、選手の学び方は多様化している。従来通り、指導者から学びつつ、教科書的なものを読むスタイルもあれば、インターネットなどを見て学ぶ人もいる。大きくこの2

パターンに分けると後者の勢いは当然盛んだ。もちろんインターネットの情報は玉石混交なので自分の頭と身体で取捨選択する必要があるわけだが、**使いこなせば大きな武器になる。**

昔は高校の監督、コーチ、先輩、OBが絶対的な存在で、後輩の選手達は彼らから学ぶしかなかった。強豪校も一部は全寮制で生活も含めきっちり厳しく指導してきた。指導者や先輩・後輩との間には厳しい上下関係があり、2000年代前半頃までは暴力事件に繋がるケースも多々あった。

そうした問題は減りつつあるものの、その名残をとどめている部分もある現在は微妙な時期だ。わかりやすい例は大阪のPL学園と大阪桐蔭だ。PL学園は漫画『バトルスタディーズ』にも描かれるような厳しい（をもはや通り越した）練習や人間関係で知られている。

一方、大阪桐蔭の監督に就任した西谷氏は、同じようなことはしたくないという思いから、比較的柔軟な指導方針を採る。その結果、他にも様々な要因があったが、多くの有望な中学生がPL学園ではなく大阪桐蔭を選ぶようになり、戦績は2000年代中盤から逆転した。**PL学園側から見れば、大阪という同じ地区の「競合他社」にリクルーティングで負けたわけだ。**

中学から高校への進学については、金銭面を含めて親が意思決定に大きく関わる。単純に、野球のレベルの高さだけでなく色々な面を考慮されるわけだ。**ある意味プロ野球のドラフトよりもシビアな進路争いといえる。だからこそ、時代に合った指導方針がより重要なのだ。**

1990年代の強豪校の中にはそうした指導方針や価値観をアップデートし、甲子園常連校に残り続ける高校もあれば（明徳義塾、仙台育英、智弁学園、智弁和歌山など）、適応できずに衰えていった高校もある。長期間務めた監督が変わる際などはブランド力も落ちるので、しっかり方針を練った上で、対外的にそれを説明できないと苦労するのだろう。

体罰がNGであることは大前提だが、そもそも近年はそういった指導法では勝てなくなっている。上下関係の厳しさも含め、そういう環境に対して魅力を感じる人も減っており、今は会社でも「嫌ならすぐ辞めて、よそに移ればいい流動的な時代」なのだ。

◎結果だけでなく、「過程」も楽しんでほしい

高校野球は、プロ野球とは異なり成人していない段階のマネジメントになる。小学生や中学生の野球は、軟式と硬式に分かれており、高校野球から硬式に多くの選手が集まり、プレーをする人口が一気に増えるかたちになる。**精神的に成熟していない学生だからこそ、プレーに波があったり、思いがけないドラマ性がある。**そのため、現場の経験がないながらも恐縮だが、選手はもちろん監督も含め、高校野球ができる2年半を楽しみながら、プレーをしてほしいと思っている。

勝利を分かち合う時が最高の瞬間だと思うが、学生野球をしている以上は結果ばかりを追い求めるのではなく、**成長という名のプロセスも楽しんでほしい。**

今のご時世、パワハラなどがうるさくなり、指導者が選手に向き合うことが非常に難しくなっている。さらに、高校野球も定量的にデータを取り始め、多くの高校がデータに基づいた野球をし始めている。だからこそ、**人間味のある指導者が再評価されることもあるだろう。**

努力は「夢中」にかなわない

これまで述べてきたように、選手育成に努力はつきものだが、**努力以上に夢中になることが能力を伸ばすポイントといえる。**イチローも、「努力を努力だと思ってる時点で、好きでやってるやつには勝てないよ」と言っている。つまり、最初の段階で「**努力を努力と思わない領域**」を**選定できているかが重要なのだ。**プロで活躍する選手は「気がついたら野球について考えてしまっており、まわりは『努力が出来てすごい』と褒めるが、本人は努力している感覚がない」と耳にする。これは、野球そのものにのめり込んでいるからだろう。

P56で触れたように、西谷氏は中学生の選手を見極める際に、「三度の飯より野球が好き」な選手を重要視しているが、**野球が好きで夢中になれる選手を求めているのは、「努力」と思って練習をする選手よりも大きく成長するからだろう。**また、夢中になりながら野球に取り組むからこそ、自主性も生まれていく。全体練習の他に自主練習をしているような選手は、追い込んでいるというよりも、野球が上手くなることに夢中のため、練習をきついと感じることはないだろう。**選手のリクルーティングから育成面でも、野球がどれだけ好きなのかが非常に重要になる。**

強い組織のつくり方

時代が変化する中でとても難しいのは、「チーム」を重視するか、「個」を重視するかだ。過去の高校野球を振り返ると、プロ入りを目指すために、上手くなりたい選手は名門校に入学していた。

しかし、**近年は個の力を高めるために、名門校ではなく地元の高校や中堅校に進学する有望な選手も増えてきた。**これは、目標設定を甲子園ではなくプロ野球で活躍することに定める人がいるためで、情報化社会となり、個人でトレーナーと契約ができるなどの環境変化があるからだろう。ビジネスも同じであり、就職した企業を上手く活用し、個人で稼いでいる人が増えている傾向にある。副業をすることに賛否両論はあるが、以前よりも情報やノウハウが得られやすくなったため、選択肢をつくりやすくなったのもある。

選択肢が増えた時代で生徒たちは何を選ぶのか

高校野球をやるにしても、様々な選択肢が増えている。**直近は、低反発バットの導入やU—18での世界一により「スモールベースボール＝日本らしい野球」の固定観念が、さらに強くなっていくと見られる。**そのため、甲子園出場や甲子園で上位を目指していくために、スモールベースボールを軸としたチームが増えていく可能性は高い。この状況になれば、**打者として日本を引っ張っていきそうな原石となる選手が、出づらい環境になっていくだろう。**

そうなると、今後はより一層中学3年の段階で甲子園出場を目指すか、プロ野球選手を目指すかの2択で高校の進路を決める必要性が高くなる。事実として、U—18で世界一に導いた馬淵氏が率いる明徳義塾からプロに入った選手はほとんど大成していない。高校野球では、チームづくりの達人である馬淵氏だが、**選手個人をプロでも大成させるノウハウは、また別にあることがわかる。**チームづくりと選手育成の視点で見ても、短期的ならスモールベースボールだが、中長期的ならトータルベースボールを駆使していくのがベストだろう。

前述を踏まえると、U—18での日本代表の優勝と低反発バット導入により、**「高校野球の中での最適解」と「プロ野球でトップを目指すこと」の相関性がより低くなっていくと見ている。**

今は、技術的な部分において、学校単位ではもちろんのこと、個人単位で外部指導者やシステムと契約する時代である。具体的には、達孝太は個人でラプソードを購入してスキルアップした。ラプソードなどのツールを使えば、これまで可視化されなかった要素も可視化される。**つまりこれは、選手達の「目標設定」自体も以前より変わってきていることがわかる。**

以前は、ほとんどの高校球児は甲子園を目指して日々の練習をしていただろう。ただ現在は前述の通り、**甲子園を目指す選手とプロ野球やメジャーリーグを目指す選手が以前よりも二極化してい**

る傾向がある。これは、大谷が甲子園で目立った成績を残していないながらも、プロ入り後は、漫画のようなキャリアを歩み、世界一の野球選手となったことも影響しているだろう。

マネジメントで大事にしたいこと

マネジメントの基本は、最終的な目標を達成させるために、リソースを効率的に配分していくことだ。リソースの代表格は「**ヒト、モノ、カネ、情報**」の4つ。**ここに「時間」の概念を加えて、上に立つ者は組織を統制し、マネジメントしなければならない。**高校野球に関しては、選手や学年を考えると、目先の1年と長期的な2年半の2軸を見越して戦わなければならない。**勝ち抜く上で、どの選手に、どのタイミングで、どのような「役割」を与えるべきかが重要である。**組織の中で一番上に立つ人にリソースの「配分スキル」があれば、メンバーの「働き方」の自由度は増す。その結果、選手の「働き方改革」が促進できるのである。

過去の大会を見てみても、負担の大きい投手運用は、まさにその実例である。夏の大会に、好投手一人を多く起用していれば、潰れてしまうことは自明である。

野手に関しても、リソースを考え、コアとなる選手をより大事にするチームは増えている。これは、投手と同様に、重要な時期に主力野手のピークを持ってこさせる意図があるからだろう。さらに、大会だけではなく、「大局観」を持って選手達の将来像を考えると、野球選手として育てることはもちろんのこと、将来的な人間力を見越して長いキャリアで様々な分野で活躍してもらうために、大事に育てていかなければならない。昔ながらの日本の美学で、長時間労働つまり多くの球数を投じ、長いイニングをクリアすることが称えられる場合があるが、2010年代から問題視されている点でもある。だからこそ、選手の起用法の判断も、難しい問題になっているのが現状だ。現場が、臨機応変に時代に適応しつつある中で、最上位層や制度が追いついていない部分を見ても、**高校野球こそ日本社会の縮図であるのは否めない。**

チームのマネジメントにおいて難しいことは各世代で勝ちながら、中長期的にもチームづくりをしなければいけないことだ。特に、大阪桐蔭や仙台育英に関しては、学生チームながら「勝って当たり前」とされる中で、中長期的なチームづくりも一つのミッションである。

前述したように、中長期的なマネジメントで、**一番注力したいことはコアとなる野手を、育て上げることだ。**ほぼ毎試合出場できる野手に関してコアの選手がどう育つかが、世代のチームづくりを左右する。また、コアとなる選手が複数いれば、黄金期を迎えられる可能性も高くなる。だからこそ、補強と育成の流動化を上手く図りながら、勝ち続けて育成していくことが重要だ。短期的な売り上げや成果を求めながら、未来への資産や事業をつくり上げていく企業のように、チームづくりにおいても短期決戦を勝利する方法と長期的な育成法は別物である。

さらに、大きなくくりで見ると、監督の入れ替わりがあるため、その都度カラーや戦い方が変わるのが高校野球だ。これに関しては、長期政権の終盤になると、黄金期を支えたメンバーが衰えたり、勤続疲労でパフォーマンスを落とす傾向がある。そういったことがあるため、**監督の入れ替わりの際に、前任者の資産と新たな知見の掛け合わせが必須になっていくのだ。**

企業のマネジメントと同様に、スポーツのマネジメントも時代に合わせていかなければならない。昔ならではの体育会系のやり方では、多くの選手が離れていくだろう。育て方に関しても、昔は過干渉なぐらいの方法論だったが、**今後は放任しながら自分で考えさせていく方向にシフトしていくのではないだろうか。**

加えて、**多様性が叫ばれる中で、高いレベルのユーティリティプレイヤーをいかに育てるかも重要になっていく。**育成と勝利を両立させ「大局観」を持って、チームをつくり上げていくことが、これからのマネジメントにおいて目指すべきところだ。

◉会社員出身監督が行うチームビルディング

また、**近年の高校野球を見ると、ビジネスを経験した後に指導者として活躍している監督もいる。**慶応を率いる森林氏はＮＴＴに勤めていた経験がある。さらに、明豊の川崎氏はコンビニ店長として経営経験があり、そのキャリアが指導に活きているようだ。その他にも、健大高崎の監督・青柳博文氏も会社員の経験がある。

このように、**彼らは教育関係や野球とは別の世界の経験をしていることで、多角的な視点で判断できるのだ。**高校野球はプロではないが、指導者はプロである必要がある。

現在、選手に対するアプローチ方法は数多くあるだろう。例えば、チームに対するマネジメントに関して、教育者から見る視点とビジネスパーソンから見る視点は、異なる部分もある。

慶応を率いる森林氏は、「『今まで高校野球』というものはかなりイメージが固定化されていて、内側にいる人間も息苦しさを感じながらやってきた部分があると思います。そこに、『こんなやり方もありますよ』と別の選択肢を示したいと考えていました[CXXXVI]」とコメントしているように、**選手達に「選択肢」を与える方法論を取り入れている。**


また、２０２４年の春季大会で、大阪の〝二強〟といわれている大阪桐蔭と履正社に勝利した大阪学院大高の監督である辻盛英一《つじもりえいいち》氏は、大手保険会社勤務時代に13年連続売り上げＮｏ．１を達成した伝説の営業マンだ。現在は会社を経営しており、ビジネス書を出版するなど、監督業のかたわらビジネスパーソンとしても精力的に活動している。辻盛氏は、２０２３年春に同校の野球部監督に就任した。朝9時から15時までは自らの会社の仕事をし、16時からは大阪学院大高校のグラウンドに顔を出している。週末の練習試合でも指揮を執り、遠征にも同行する日々を送っている。

マネジメント法としては森林氏と同様に「ノーサイン野球」を貫く。辻盛氏は「採用と教育が大事なのは、野球も会社も同じです[CXXXVII]」と語っており、**ビジネスの考え方を野球にもうまく横展開している。**ビジネスの場で論理的かつ合理的な思考が養われ、その思考法が人材育成やチームビルディングなどに活かされているのだろう。

これまで見てきたように、**チームづくりや選手育成に求められることは変わってきている。だからこそ、他の業界の別の視点を取り入れるメリットは多くある。**「多様化」が受け入れられるこの時代で、ビジネスでの成功体験を高校野球の舞台でも活かす指導者は今後増えていくだろう。

高校野球とプロ野球を含めたマネジメントで大きく異なるのは、選手達に**2年半というリミットがある点だ。**そのため、監督自身も幅広い経験をしながら、世代によって特性が変わった時に上手く軌道修正できるよう、**手札のバリエーションを豊かにすることで、ルールや制度、環境などが変わっても対応できるだろう。**

「外」からの視点を重要視することが鍵になる

前述のように、**現在の高校野球では、ビジネスパーソンから転身した人や、元プロ野球選手、外部コーチに指揮を任せる高校が増えている。**従来のような高校野球漬けの監督なら、人生のほとんどをそれに捧げているため、高校野球における最適解に関しては、最短距離で見つけることができるだろう。**しかし、現在の高校野球はルールや制度の変化が激しく、優勝するためにはチームとして対応していかなければならない。そのため、俯瞰的な視点も必要になっていくのだ。**

例えば、極端な体育会系の環境の中だけにいると「こうでなくてはいけない」「他の選択肢はあり得ない」という思い込みが強くなり、健全な判断ができなくなることもある。

しかし、**外部の視点から「それって普通じゃないよ」と言ってもらえるだけで、少し冷静な判断**

が下せる。例えば、体育会系特有の挨拶やしごきは一般的にはおかしいことである。しかし、当事者はその判断ができない可能性が高い。そのため、外からの意見で、改善していくことが必要になってくるのだ。多様な視点を持つことで、自身の状態を適切に、健全に捉えられるようになる。**一度、外で揉まれた指導者は俯瞰的に野球というスポーツを見られるため、固定観念をなくした上で、チームづくりなどができる。**

これは、元プロ野球選手の監督や外部コーチにもいえることだ。外からの俯瞰的な視点がなければ、チームの課題点はもちろんのこと、自身の指導や采配の課題点は見つからない。**自身が俯瞰的に把握しながらチームの課題を指摘し、改善できる人がリーダーとして上に立つことが今後重要になっていくだろう。**

◎高校野球を通してわかる「準備の大切さ」

高校野球ほど、準備が大事なスポーツはあるだろうか。3年生が引退してから秋季大会までは、非常にタイトな日程を強いられる地域もある。センバツや春季大会から夏の大会までの期間も、過密スケジュールだ。

そのため、調整力はもちろんのこと、準備力も非常に重要である。当日の試合開始時間にピークが来るように逆算し、調整をしながら準備をすることはもちろん、相手チームのスカウティングや分析、研究も必要な部分である。

本書で取り上げたほとんどの監督は、この部分まで徹底していることがわかる。この準備は、高校野球に限らずビジネスなどにも重要な要素である。個人的に親しくしてもらっている外資系企業などで活躍し、ビジネスＹｏｕＴｕｂｅｒとしても成功しているＵｔｓｕさん（宇都宮隆二氏）は、「準備９割、実践１割」と言っている。この準備に関して、様々な状況をシミュレーションすることで結果が出る再現性は高まっていく。

話を戻すと、準備は日本野球の強みでもある。国際大会の前は、代表合宿を大会前に余裕を持って行っている。さらに、実戦形式も大会前に必ず挟んでいる。**どの国よりも、準備を怠らないからこそ、プレミア12・東京五輪・ＷＢＣと主要国際大会で世界一になっているのだろう。**このように、準備こそが実力を発揮するために最重要なことと言っても過言ではない。

なぜ強豪校の監督は守備を最優先に鍛えるのか？

ここまで高校野球の監督の育成やマネジメント、采配まで分析をしたが、**どの監督も口を揃えて言っているのが「守備の大事さ」である。**

２００４年の駒大苫小牧は、10打席以上立った打者で、４割以上の打率を記録した選手が７人（糸屋義典《よしのり》・桑島優《ゆう》・林裕也《ゆうや》・沢井義志・鈴木康仁《やすひと》・佐々木孝介・五十嵐大）いた。加えて、全５試合で２桁安打を記録しており、チーム打率．４４８は歴代最高記録である。

このように、駒大苫小牧は「打撃のチーム」のイメージが強いが、実際のところ失策は１つである。２０００年以降の夏の甲子園優勝校を振り返ると、P36の通り、失策に関しては、２０００年に夏を制した智弁和歌山を除いた高校の全てが失策1桁で優勝している。

ミスをせず、緻密で丁寧な野球ができるかどうかが重要であり、今後の夏の甲子園を制するにも、ディフェンス力が一つのベースとして考えられる。

短期決戦における守備力の重要さは、プロが大半の国際大会からもよくわかる。**東京五輪の日本を振り返ると、失策数は参加国最小の1つ。**この大会での日本のディフェンス力は圧倒的だったといえる。特に、菊池涼介《りょうすけ》や山田哲人と坂本勇人の二遊間は、ランナーを置いた場面で相手が転がせば、高い確率で併殺打にしていた。こうしたバックへの信頼もあり、バッテリーも併殺打で抑えるという選択肢を上手く活用していた。決勝後に坂本は「ミスがほぼなかったのは、日本の強みだと思います。守備から攻撃にといい流れで試合が出来ました」[CXXXVIII]と振り返っていた。

さらに、**2023年のWBCでも7試合で失策は2つ。**いずれも送球エラーであり、これはWBC使用球の影響もあったと推測される。それ以外の面では守備は完璧だった。**この堅い守備があったからこそ、投手陣がチーム防御率2・29、80奪三振と、大会1位の実力を発揮したのだろう。**その上、米マイアミで行われた2試合ではノーエラーだった。慣れない球場でも、ミスをしない野球を実現したからこそその世界一だったといえる。

このように、**プロの世界の視点から見ても、短期決戦がメインの高校野球では、守備力を最優先**

で考えていくべきなのは確かだ。また、失策にはカウントされない失敗なども含め、ミスをなくしていくことが、今後勝ち上がる上でのキーポイントになっていくだろう。

●「高校野球のルール」を最大限に活かす

高校野球の戦略としては、ルールを最大限に活かすことも必要になる。直近では、「タイブレーク」「球数制限」「低反発バット」が導入され、2019年までとは異なる野球が求められるようになった。

2024年のセンバツから始まる**低反発バットにより、投手はそこそこのレベルでも、イニングを食えるようになる可能性も出てくる。**つまり、投高打低である程、相対的に投手力の差が小さくなり、野手の打撃力と守備力の差がモノをいうのだ。そのため、**投手力よりもより一層守備力が重要視されると見ている。**

今後、多くの指導者が低反発バットへの対策や指導法が見いだせるまでは、打力で試合をひっくり返すことは難易度が高いだろう。むしろ、**得点が入りづらくなるため、小さなミスも許されないような展開が多くなる。**そのミスをなくすために守備力の強化は必須になるのだ。

また、サッカーのようにディフェンスをガチガチに固め、PK戦に持ち込む戦法のごとく、9回までガチガチに固めて延長戦からのタイブレークでワンチャンスを狙う戦略も増えていくだろう。

プロ野球とは異なり、2年半の期間でルールに沿ってトーナメントを戦っていく高校野球は、いかに実践的にルールを活かした戦いができるかも勝敗を分ける。言ってしまえば、**高い能力の選手がいるチームが勝つのではなく、ルールに沿った戦い方ができるチームが勝つスポーツ**になり得るのだ。

今後予想されるルールの改正は、「ベンチ入り人数の更なる拡大」だ。２００３年夏の第85回大会からベンチ入りの人数は18人に増やされ、２０２０年から投球数制限が設定されたことがきっかけで、２０２３年夏の20人への増枠に繋がった。この先、選手の起用も広がっていき、ベンチ入り人数が22人または23人に増える可能性もあるだろう。

ベンチ入り人数を拡大すればするほど、豊富な投手陣を揃える高校が増えていく。高校生のレベルなら、１４０～１４５㎞／ｈを投げる投手を、プロ野球のブルペンデーのように起用すれば、かなり脅威になるのは間違いない。繰り返しになるが、球数制限で投手としての「個」の成長は失われつつも、勝ち上がる戦略として、多くのショートイニングを投げるリリーフを増やしていく高校が目立つようになり、**短いイニングで力を出し切る素質が新たに見いだされる可能性も出てくるだろう。**

「特待生」や「野球留学」は悪なのか？　日本の生え抜き至上主義

高校野球に限らず、学生スポーツから切っても切り離せないテーマが、**他県などから選手が越境入学する特待生制度だ。**賛否両論があり、私立と公立の実力差の問題などがある。しかし、これは選手もリスクを背負っており、未成年ながらも親元を離れ、野球と学業に没頭するのは、非常に大変なことである。**己を高めるために挑戦をする学生を本来なら応援すべきところ、叩きに走ることは正直意味がわからないのだ。**他県から進学する際は、かなりの覚悟を持って希望する高校にいくことがわかる。一人の球児が中学3年生の段階で、人生の大きな決断をしているのだ。

また、大阪桐蔭の西谷氏のように、練習の合間をぬって全国を飛び回り、リクルーティングに時間をかけているからこそ、10年以上強さを維持している高校もある。当然、受け入れ側にコストがかかる。**選手はもちろんのこと、有望な選手が入る高校側も、それなりのリスクを背負っているのだ。**私立だから選手をリクルーティングできるといわれているが、一部の公立高校では私立以上のスカウティング力を持っているところもある。

プロ野球においても、巨人やソフトバンクがフリーエージェントで大物選手を獲得しているイメージが先行しているが、高校野球の強豪校もその類いと同じだ。たとえ高校の部活といえども、継続した強さを見せているチームは叩かれてしまうのだろう。

リクルーティングに関しては、大阪で盛んなボーイズリーグ[★37]の動向も、見逃してはならない現実だ。**ボーイズリーグでは、プロ野球経験者など高いレベルの野球を体験した指導者を据えることで、より質の高い野球を中学生時代に学べる。**チーム数も年々増えていき、ボーイズリーグ出身の選手が甲子園で活躍することで、その裾野はさらに広がっていくことになった。その伝統が今も引き継がれており、大阪野球の強さの背景となっている。

巨人の元スカウト部長で、全国の学生選手を見てきた山下哲治氏は、大阪のレベルの高さについて「甲子園球場のお膝元で、幼い頃から野球選手に憧れる子どもが多い。少年野球チームも多く、選手の質も全国トップレベルだからでは[CXXXIX]」と話す。大阪を中心とした近畿勢は、気質の部分からリクルーティングから育成まで優れていることがわかる。

このように、地域性やそれぞれのリクルーティング事情があったとしても、**優秀な高校や選手まで叩かれてしまうのが、日本の慣習みたいなところはある。**具体的には、甲子園で強豪校が劣勢の場面になると、応援は対戦している高校に偏るのが非常にわかりやすい。

プロ野球ならまだしも、学生の部活における高校野球においては、**未成年がリスクを背負って野球に懸けている「特待生」や「野球留学」について、見る側も大人の汚い部分をなくし、純粋に野球として楽しんでほしいところである。**

◉常勝チームに名参謀あり

本書では、ここまで高校野球の監督を中心に、チームビルディングから育成、マネジメント、采配などを記載してきたが、**監督の「ブレイン」として活躍する参謀役の存在も大きい。**今の時代は、

★37 日本少年野球連盟。小学生部門と中学生部門に分かれている。

監督が全て面倒を見るのではなく、指導領域によっては部長やコーチ、外部指導者が必要不可欠になっている。

また、**監督と選手の仲介役となる大人が必要になる時代だ。**月日を経ていわゆるアメとムチのバランスが整えば、強豪校として新たな時代を築くこともできるだろう。例えば、仙台育英は、須江氏よりも年上でありながら時代に上手く適応した猿橋氏が右腕として参謀役を担っている。

このような最適なバランスでチームを運営していくことが、今後は鍵になるかもしれない。そのため、**高校野球の指導者も、プロ野球の首脳陣のように専門性を活かした分業制が進んでいる。**本書では、前述の猿橋氏に加え、横浜や山梨学院などに在籍していた小倉氏も取り上げた。仙台育英は、猿橋氏が2022年に加入してから一気に全国トップクラスの強さになり、須江氏とは「新時代のゴールデンコンビ」になりつつある。また、小倉氏は横浜時代の功績はもちろんのこと、2018年8月から加入した山梨学院も強豪校へと育てあげた。

このように、**監督を支える立場として優秀なNo．2の存在は非常に大きい。**

他には2024年のセンバツにも出場し、2016年夏に甲子園を制した作新学院の岩嶋敬一氏は、監督の小針氏を支える参謀役として活躍している。小針氏は自身の教え子でもあるため、選手時代からよく知っているのだ。小針氏は元々送りバントには疑問を持っており、岩嶋氏と話し合った結果「甲子園で勝つためにはやっぱり全員で打ち勝たないといけない」と、作新の攻撃的な野球が始まった。

また、岩嶋氏はスカウティングや保護者対応、マスコミ対応までしており、**参謀役として、監督である小針氏や選手達が最大限にパフォーマンスを発揮できるようにフォローしていることがわかる。**

一方、参謀役から監督になった人もいる。日大三の三木有造氏だ。小倉全由氏が監督を務めていたときは、部長として参謀役を担っていた。三木氏は、選手から監督がどう見えるかを気にしていた。自身が常に厳しく接することにより、「三木さんの練習はきつい。監督がいる練習の方がいい」[CXLI]と選手に思ってもらえるようにしたそうだ。これは、三木氏が小倉氏を全面的に信頼しているからこそ出来ることである。また、三木氏もマスコミ対応をしており、選手を全面的に守ってきた。選手を守るために取材NGを出すこともある。未成年である高校球児は、一つの出来事がパフォーマンスに影響することが多い。そのため、**三木氏のように選手を守る大人は必要不可欠である。**この三木氏は、現在日大三の監督として指揮している。2023年夏の甲子園で初勝利を挙げたが、小倉氏のノウハウと三木氏の思考が上手く組み合わさり、新しいカタチの日大三をつくり上げていくことに期待していきたい。

結果を出すための采配とチーム運用

ここまで、個人の育成から組織のつくり方について見てきた。**今の高校野球は、「強い規律によってチームを鍛えて1人の選手に頼ること」が少なくなっていることが見てとれるだろう。**ここからは、現代の高校野球の理想的な采配と戦略、チームの運用について分析していく。現在は、実践を通してさまざまな状況を把握しながらチームプレーを洗練させていき、指導者もアップデートをしながら、「個」と「チーム」をレベルアップさせていくチームが勝ち上がることがわかる。

● 高校野球に現れる「ラッキーボーイ」を活かした戦略

高校野球では、突然出場することになった控え選手が予想外の活躍をすることが珍しくない。こうした**「ラッキーボーイ」の活躍は、チームを勢いづけて優勝に導くことがある。代表的な選手は、2015年の敦賀気比を優勝に導いた松本哲幣《てっぺい》だろう。**松本は怪我の影響もありスタメンに名を連ねることはできない時期が長かったが、打力を買われて2年の秋季大会から徐々にスタメン出場するようになる。そして、背番号17をつけてベンチ入りした2015年のセンバツで、今までの鬱憤《うっぷん》を晴らすかのような活躍を見せた。

彼のシンデレラストーリーが始まったのは、準決勝の大阪桐蔭戦。6番右翼手で先発出場した松本は、大阪桐蔭のエース田中誠也から2打席連続の満塁ホームランを放ち、圧勝する流れをつくった。彼はこの試合で1試合8打点を記録。PL学園の桑田真澄と星稜の松井秀喜が持っていた大会記録、1試合7打点を更新し、歴史に名を残した。

さらに松本は、東海大四（現・東海大札幌）との決勝でも1対1の同点の8回に決勝ツーランホームランを放ち、春夏通じて初めて北陸に大旗を運んだ。**大会を通してみても、打率は5割、打点は全て準決勝と決勝での本塁打という神がかり的な活躍を果たした。**松本はその後、同志社大学に進学し、卒業後も社会人野球チームエイジェックなどでプレーしている。

【松本哲幣　2015年センバツ打撃成績】打率.500　3本塁打　10打点

2015年のセンバツで悔しい思いをした大阪桐蔭は、2017年のセンバツでは優勝を果たす。この大会でも、ラッキーボーイの活躍が優勝の原動力になった。その一人が、現在日本生命でプレーする**山田健太**だ。彼は同学年（当時2年生）の根尾昂や藤原恭大が注目をされていた中で、背番号13をつけてセンバツに出場。大会を通して打率.571　1本塁打　8打点の活躍を見せた。特に、大きな活躍を見せたのは、準決勝の秀岳館戦だ。この試合は、大阪桐蔭の徳山壮磨（現・横浜DeNAベイスターズ）と秀岳館の田浦文丸《ふみまる》（現・福岡ソフトバンクホークス）が投げ合い、お互い5回まで得点を許さない投手戦となった。

そんな中、山田は6回に先制打、8回に追加点のタイムリーを放つ。結果的に、大阪桐蔭は2対1で勝利。山田は全ての得点を叩き出す大活躍を見せた。このセンバツの山田は試合を決める殊勲打が多く、影のMVPと言っても過言ではなかった。

【山田健太　2017年センバツ打撃成績】打率.571　1本塁打　8打点

ただ、この大会の優勝を決定づけたラッキーボーイは、山田ではなかった。大阪府の高校同士のカードになった履正社との決勝。大阪桐蔭は8回表まで3点をリードしていたものの、その裏に追いつかれ3対3の同点で最終回を迎えた。9回にエース徳山の代打として出場したのは背番号18の西島一波《いっぺい》。

公式戦でホームランを放ったことがなかった西島だったが、履正社のエース竹田祐《ゆう》からレフトスタンドに突き刺さる勝ち越しの一発を放つ。これが決勝点となり、大阪桐蔭はセンバツ優勝を果たした。代打のホームランが決勝点となり、優勝が決まったのはセンバツ史上初の出来事だった。

このような予期せぬ伏兵の活躍も、高校野球の醍醐味の一つだ。今後の高校にはラッキーボーイが現れるのかを見ていきたい。

◎甲子園で勝つために必要な「選手の覚醒」

前項で「ラッキーボーイ」の存在について触れたが、その他にも**高校球児は成長著しいことから、**

大会を勝ち抜きながら大きく成長していくケースがある。特に、甲子園では大会中に注目を浴びやすいこともあり、大会の前評判とは異なり、目立っていく選手が数多くいた。その選手が、チームに貢献し、優勝や準優勝の原動力となることは不思議ではない。

例えば、２０１６年夏に作新学院を優勝に導いた今井達也は、甲子園で覚醒したタイプといっていいだろう。大会前は、横浜の藤平尚真《ふじひらしょうま》（現・東北楽天ゴールデンイーグルス）、履正社の寺島成輝《なるき》（元・東京ヤクルトスワローズ）、花咲徳栄の高橋昂也《こうや》（現・広島東洋カープ）に注目が集まっていた。**しかし、その投手たちを差し置いて輝いたのが今井だ。**初戦の尽誠学園戦で最速１５１km／hをマークし完封したことで一気に注目を浴び、その後も１５０キロ台を連発。投げる度に成長した今井は、ほぼ一人で甲子園を投げきり、作新学院54年ぶりの全国制覇の立役者となった。

その他、エースの覚醒を取り上げると、２０１７年夏の東海大菅生をベスト4にまで導いた松本や２０１８年の浦和学院をベスト8まで導いた渡辺勇太朗（現・埼玉西武ライオンズ）は夏の予選から覚醒し、甲子園でも好投を見せた。また、２０２３年に夏を制覇した慶応は、エースの小宅雅己《おやけまさき》以外の鈴木佳門《かもん》や松井喜一が覚醒し、その勢いのまま優勝した。このように、大会前に計算されている**ベースの戦力に「＋a」の力が加わると、大会でも上位に食い込める確率は高まるだろう。**

強豪校をものみ込む甲子園の〝魔物〟

高校野球の醍醐味は、本命といわれる高校が予選から甲子園まで順当に勝つとは限らないところだ。勝って当たり前と思われている高校がある。例えば、**大阪桐蔭高校だ。そういった高校の試合時、甲子園では対戦相手のチームが応援されることが多い。**

そんな中、P87でも触れたが、高校球児にとって経験したことがないプレッシャーがのし掛かり、いわば「球場の雰囲気」にのみ込まれてしまうことがある。だからこそ、**本来ではしないような凡ミスをしてしまったり、力のある選手が突然活躍できなくなったり……ということが往々にして起こる。**事実、2022年夏や2023年春では、大阪桐蔭が甲子園の雰囲気にのまれてしまい、終盤に逆転を許してしまうということがあった。**その一方で、甲子園全体を味方につければ、一気に上位に勝ち上がる力を手に入れるチームもある。**2023年の慶応が代表例で、「甲子園を味方につける」ことも勝つためには無視できない。

プロ野球では応援するチームが決まっているファンが多いが、高校野球は関係者でなければそこまで贔屓《ひいき》にしているチームがない人が多い。**そういう人たちが、下馬評の低いチームや劣勢に立たされているチームを応援し始めると、全体の雰囲気が変わることがある。**やはり、強豪校のエリートとはいえ、学生なので、プレーがメンタルに左右されるものである。

特に聖地・甲子園では、その傾向が顕著に出る。だからこそ、国体や明治神宮野球大会など、夏の甲子園以外を見ると、また違った面白さがある。それが高校野球の魅力の一つにもなっている。

加えて、メディアがブームをつくるのも高校野球の特徴的だ。例えば、早稲田実業の斎藤佑樹、〝がばい旋風〟の佐賀北、金足農業の吉田輝星などだ。

観客、マスコミ、視聴者……全ての人が高校野球をつくり上げていると感じている。甲子園は100年以上にわたり日本に根付いている行事である。特に「夏の風物詩」である、夏の甲子園では球場に連日何万人もの観客が詰めかけ、メディアにも大々的に取り上げられるため、そこで活躍した選手は全国スターになる。

バントの重要性を再定義する

現代の高校野球において接戦で勝ち切るためには、何が重要なのだろうか。**それはやはりバントである。** 21世紀において、バントの戦術的な妥当性には様々な議論がなされており、特にブラット・ピット主演『マネーボール』として映画化され取り上げられた野球理論では、バントは相手に1アウトを献上するため、適切な戦術ではないとまでされていた。

しかし、依然として日本の高校野球においてはバントの価値は高い。 特に2022年においては、新型コロナウイルスの流行が収束しない中で、どの高校も練習時間や実戦の機会が限られているためか、重要な場面でのバントミスが目立った。**その象徴が2022年夏の甲子園準々決勝で大阪桐蔭がバントミスをした場面だ。**

春の王者・大阪桐蔭は下関国際に5対4で敗れ、3度目の春夏連覇を逃したが、敗因は王者らしからぬミスが出たことだ。それが見えたのが、7回裏の無死一、二塁の場面で7番打者の大前圭右《けいすけ》にバントエンドランをさせた場面だ。このプレーは大前が投手フライを上げてしまい、飛び出してきた二塁ランナーと一塁ランナーもアウトになり、トリプルプレーになった。采配面でも焦りが見え、その焦りが選手にもプレッシャーとしてのし掛かってしまい、トリプルプレーという結果になったように見えた。**一方、下関国際は最終回に難なくバントを成功させて、逆転劇を生んだ。**

当大会の決勝（下関国際 対 仙台育英）でもバントの重要性が見受けられた。5回表に下関国際が仙台育英の斎藤蓉から四球と短打でチャンスを広げ、バッターは8番の古賀を迎える。しかし、ここで古賀は痛恨のバントミス。続く橋爪成《なる》は併殺打に終わり、下関国際の勢いはここで止まった。ここの試合も大事な場面で、バントミスでチャンスを潰すかたちになった。これまで下関国際はバント失敗などの攻撃ミスがなかったが、**この大一番でミスに泣かされた。**悪い流れをそのままに、下関国際は5回裏に追加点を奪われた。

繰り返しになるが、一発勝負の短期決戦の戦いだからこそ、**バントのような基本的な戦術が勝敗を分け、きめ細かな野球ができるかどうかが重要だ。**そのため、勝ち進んだ高校は相手チームのバントミスや守備のミスを追い風に、勝利することもあり、**2000年代から徐々に、高校野球で勝つために必要な野球が変わっていることがわかる。**

また、勝利のベースとなるのはディフェンス力だが、それに加え、**大会参加校で上位のチーム打率または防御率1点台を甲子園で再現できるチームビルディングも必要だ。**

投打ともに充実したチームビルディングが難しい場合の戦略としては、2014年の大阪桐蔭のように、投打で尖りはないものの1試合ごとに成長を遂げながら、多彩な戦術を持つことが重要だ。

そのためには、普段の練習から言われたことだけをやるのではなく、**一つひとつ意味を考えながらプレーし、なおかつそれに対応できるアドリブ力を持った選手の存在が必要になるだろう。**

ちなみに、**2012年春夏の大阪桐蔭と2016年夏の作新学院の犠打数は1桁**だった。大阪桐蔭は試合序盤、選手に任せるかたちで自由に打たせ、試合中盤まで接戦であれば、送ることやスクイズはもちろんのこと、バントやヒットエンドランを仕掛ける場面が多々見られた。

2014年夏と2018年夏の大阪桐蔭は、犠打数2桁を記録するが、他の学校よりも少ない11個。この犠打の少なさは、前述の戦術を用いていたため、それが数字として出た結果になった。

今後の夏の甲子園を制するには、バントの正確さとディフェンス力はもちろんのこと、**高い打撃力から投手力、失策には表れない相手のミスにつけ込む走塁や、意表をつく奇策なども必要だ。**例えば、プロ級の投手に対し、チャンスの場面では転がして泥臭く得点することも必要になっていく。高校野球の難しさは、世代交代が早いことだが、リクルーティングから育成まで洗練されると、現在の大阪桐蔭や仙台育英のように、長い期間甲子園の上位に勝ち進むことができるだろう。

プロではないからこそ難しい「情」のコントロール

高校野球は常に短期決戦であり、最後の夏の大会や甲子園が集大成である。**とはいえ、選手達はプロではないからこそ、指導者側の「情」のコントロールが難しい。**プロ野球の短期決戦であれば、ブルペンに第2先発を待機させ、先発投手をすぐに代えることは多くある。野手に関しても、主軸でも不調なら早々に見切りをつけることがある。

しかし、高校野球はそうはいかないのだ。この部分が、「勝利」に対する価値の違いではないだろうか。プロ野球は、勝つためにプレーをしているが、高校野球に関しては、**これまでの2年半過ごしたことへの「情」や、勝利だけではなくチームとして納得する終わり方まで求められる。**

これらの要素が保護者からの評価であったり、今後のリクルーティングにまで関わってくる。今のご時世、高校の進学先も、口コミや評判で決める選手や保護者もいるのだ。それらの事情があるため、優秀な監督でも判断が難しくなる場面が多々ある。

ただ、高校野球における短期決戦の理想としては、トーナメント戦の組み合わせをプランニングしながら、相手を徹底的に封じることである。智弁和歌山の高嶋氏や横浜の小倉氏は、組み合わせからプランニングしながら、投手起用をしていたが、強豪校だからこそ「初戦で負けても決勝で負けても同じ」感覚で、指揮を執れるのだ。

プロ野球から学べる部分もある。世界一に輝いた2023年のWBCのように、準決勝は佐々木と決勝の先発として予想されていた山本も登板させ、2人で8回途中まで投げ切り、湯浅京己《あつき》と大勢《たいせい》が残りのイニングを投げ切った。そして、決勝はこの大会初となる今永を先発起用。今永昇太と戸郷翔征《しょうせい》が2イニングを投げ、高橋宏斗や伊藤大海《ひろみ》、大勢、ダルビッシュ、大谷は1イニングずつとブルペンデーのようなかたちで総力戦を制したのだ。

高校野球では、球数制限が設けられ、複数人の投手陣を形成するのが当たり前の水準になりつつある。**大会での戦い方を上手くプランニングしながら、自チームの事情と相手チームとの対戦をシミュレーションし、臨機応変な継投策が必要になってくるだろう。**大差の展開になれば、3番手あたりまでは温存し、野手兼投手や4番手以降の場慣れや実力をつけさせる機会を与えることが重要になっていく。今では、投手を基本的に先発投手として育成している高校が多いが、**今後は最初からリリーフとして、短いイニングを最大出力で投げられる投手を育成する高校も出てくるだろう。**

甲子園特有の偏った応援がされているアウェイの中で、プロ野球の「火消し」★38のようにリリーフが圧倒的なボールでねじ伏せるピッチングを見てみたいものである。

細かい継投戦略のメリットとデメリット

現在、**球数制限を背景にした投手のユーティリティ化により、継投策も多様化してきている。**

P29で詳しく解説したが、2022年夏の甲子園で、仙台育英は5人の投手をベンチ入りさせ、投手陣の一人あたりの球数を1試合につき多くて100球前後に制限した。

これまでの高校野球の継投策は、エースと2番手が1試合ごとで交互に投げたり、1試合で2人の投手が投げることが主流だったが、仙台育英の投手起用が画期的だったのは一人の投手が短いイ

★38 ピンチの場面で登板し、得点を与えないピッチングをすること。もしくはその役割を担う投手。

ニングを少ない球数で抑え、**次々に投手を代えていく継投策で、夏の甲子園初優勝を果たしたことだ。**仙台育英は、バランスよく投げさせる細かな起用法で、相手打線の「慣れ」を防いだ。

また、2022年の愛工大名電戦のように、**一人の投手の調子が良ければ5イニング投げさせる時があるなど、バリエーション豊かな起用法を見せた。**この継投策は、仙台育英以外でも用いられており、2022年夏の甲子園でも国学院栃木が、4人の投手に投げさせる細かい継投策で智弁和歌山の強力打線をわずか3点に抑えた。

2023年夏の甲子園を制した慶応も、小宅・鈴木・松井の3投手を活かした。基本的に先発はエースの小宅だったが、鈴木も準々決勝の沖縄尚学戦と決勝の仙台育英戦で先発した。この2年生の左右2人に、サイドハンドの3年生松井がリリーフとして待機するかたちだった。

松井は、初戦の北陸戦で不安定なピッチングを見せていたが、3回戦の広陵戦では3番手として好リリーフを見せ、慶応はタイブレークまでもつれた接戦を制した。さらに、左腕の鈴木は準々決勝で5回2失点とゲームメイクし、松井と小宅に繋いだ。

大会前の慶応は、優勝候補ではあったものの、小宅以外の投手陣が不安視されていた。**しかし、松井と鈴木が甲子園の舞台で覚醒し、小宅が100球を超えたのは準決勝の土浦日大戦のみだった。**決勝の舞台では、鈴木を先発に回し、前日完封した小宅をリリーフに回して勝利したが、**鈴木のゲームメイク力があったからこその継投策だった。**

大会を通して投手陣の球数を振り返ると、小宅は362球、鈴木は185球、松井は94球。大事な試合や場面でも鈴木や松井に任せられたからこそ、バランス良く投手運用できたのだろう。**この慶応を見ると、エース以外の投手陣が甲子園の舞台で覚醒することも、今後のポイントになりそうである。**

このように、**球数制限などの影響で4～5人の選手を投げさせる戦略が主流化する兆しはすでに見え始めている。**しかし、この継投策にもデメリットはある。これまで述べてきたように、投手が練習の時点で、短いイニングと少ない球数を意識して投げることになるため、長いイニングを投げることが困難になることだ。また、仮に高校野球で短いイニングが主流化すると、将来的に大学野球やプロ野球で先発投手として長いイニングを投げられる投手が減る可能性もある。他のスポーツで箱根駅伝（P30）の例を挙げた。**ショートイニングは高校野球を勝ち抜く戦略としては有効かもしれないが、選手の将来性を潰すことになりかねない危険性を孕んでいる。**

さらに、球数制限による問題のみならず、2019年の夏の岩手県予選の決勝では大船渡高校が佐々木朗希を投げさせないということも話題になった。**このケースのように将来有望株の投手は大事な試合になっても温存する、という例は今後増えていくことが予想される。**

しかし、物事には二面性が存在する。温存による思わぬ弊害もあるのだ。高校野球においてはよく「投げすぎ」による問題が取りざたされるが、**今は「投げなさすぎ」も投手を苦しめるのである。**複数の投手を投げさせることが当たり前になった現代の高校野球において勝ち上がる鍵は、それぞれの投手の調整能力にかかっているともいえるだろう。

継投策には、2人体制のパターンもある。2022年の夏に準優勝した**下関国際の継投策は、先発と抑えの役割分担を最初から明確にして、2人体制で勝ち上がるという戦略だった。**このパターンは、2017年に清水達也（現・中日ドラゴンズ）と綱脇慧《つなわきすい》という2人の投手を擁した花咲徳栄と似ている。この時の花咲徳栄はエース級の実力があった清水をリリーフとして起用。清水は試合展開によっては早い回から登板し相手の流れを断ち切ったり、終盤の抑えとして登板するなど、臨機応変な起用に応えチームに優勝をもたらした。

プロ野球のクローザーのように、**先発よりも打つことが困難な投手が後から出てくる方が、相手チームへの脅威になる。**さらに、エース級の投手を後ろに持って来られるチームは、エースを先発させるチームよりも逆転負けが少なくなるというメリットもある。

とはいえ、**このオーソドックスな継投にもデメリットはある。それは、先発の調子次第では片方の投手に負担がかかることだ。**先発投手が大会を通して試合をつくれないピッチングが続くと、リリーフに多大な負担がかかる。2006年の駒大苫小牧がまさにそうだった。

田中将大をリリーフ待機させていた試合は、4試合あったが3試合で先制を許し、しかも4試合全てで田中が6イニング以上投げている。後から田中が投げることによって、ピンチを抑えたり、流れを引き寄せることもできるが、**先発に水準以上のゲームメイク力がないと、ほとんど後から投げるエース頼みになる。**P131でも触れたが、2022年の下関国際の場合は、先発を任された古賀が初回こそ苦しむものの、ある程度ゲームメイクができる投手だったため、リリーフの仲井に負担がかからなかった。そのことも下関国際が決勝に進むことができた要因だろう。

一方で、高いレベルの投手を複数揃えると、先発ローテーションのような投手起用ができる。**2024年センバツの健大高崎は、エースの佐藤龍月《りゅうが》と石垣元気の二枚看板で、甲子園初制覇を達成した。** 佐藤は、初戦から準々決勝までの3試合、石垣は準決勝と決勝の2試合で先発。球数を見ても、佐藤は309球、石垣は368球と両投手が300球台を記録。エースの佐藤は、準々決勝でマメができるアクシデントが起きたが、石垣が準決勝から先発として長いイニングを投げた。

このように、お互いをカバーするように先発からリリーフまで務めた。

また、準優勝の報徳学園も、前年の準優勝の立役者である間木歩や今朝丸《けさまる》裕喜《ゆうき》を交互に先発させた。**球数を振り返ると、間木は285球、今朝丸は287球とバランスの取れた配分で運用**されていた。その結果、2年連続センバツ準優勝を果たした。このように、ある程度長いイニングを投げられる投手を複数人育て、**先発ローテーションのように起用することで、選手個人の成長とチームとしての戦略を両立させるチームが理想的なパターンだろう。**

新チーム発足後、「秋」のプランニング

高校野球において春と夏に2つの甲子園大会がある。春のセンバツに向けた予選として、秋季大会が開催される。しかし、この大会はある意味、後述の春季大会とともに「**負けが許される大会**」だ。秋季大会の県予選はその学校が属するエリアによっては、決勝までいかなくとも地方大会に進

出できる。センバツへの出場権が懸かった地方大会に関しても、同様である。エリアによっては地方大会優勝を逃してもセンバツに出られることから、出場がほぼ決まった時点で無理に勝ち続ける必要はないのだ。そのため、翌年に行われる春季大会と同様に、**秋季大会においても2番手以降の投手やサブメンバーを試すことが可能になる。**秋の時点では、翌年の夏にチームがどうなっているかイメージが湧かないこともあるが、新チームとしてはもちろんのこと、選手個人の現在地もわかるため、非常に重要な実戦の機会である。

また、秋季大会に続いて開催される明治神宮野球大会も甲子園を勝ち抜くチームづくりを考える上で重要である。この大会は甲子園ほどの注目度はないが、各地域の秋季大会の優勝校がトーナメント形式で対戦する。1年生と2年生で構成された新チームにとっては初めての全国大会である。

ちなみに、**1999年から2023年まで、春または夏の甲子園の決勝まで勝ち進んでいる高校は、全て前年の明治神宮野球大会に出場している。**なぜ、そのようなことが起こるのか。

明治神宮野球大会の予選にあたる秋季大会は、新チームになったばかりの時期に行われる大会である。その時期はまだ戦略も戦術も仕上がっておらず、選手たちも粗削り。そんな中で都道府県予選の上位大会にあたる地方大会を勝ち抜き、明治神宮野球大会に出られる地力があるチームは、翌年の甲子園決勝にまで進めるポテンシャルがあると推測される。

◉守備とミスの軽減が鍵になる「センバツ」で勝ち上がるためのプランニング

そんな秋季大会と明治神宮野球大会を終えて冬を越し、**翌年3月に行われるセンバツだが、大会を勝ち上がるためのプランニングは大きく2つある。**まず1つ目は、時代錯誤ではあるが、自チームの初戦の開催日が早ければ、球数制限に抵触しないかたちで、決勝までエースをほぼ1人で投げさせること。計算できる投手が複数人いる場合でも、エースに長いイニングを食わせることが可能だ。2つ目は、センバツは夏の甲子園とは異なり、決勝までの組み合わせが事前に確定しているため、先々の対戦校をシミュレーションしながら投手や野手の起用をすることだ。また、センバツは対外試合解禁から間もないため、初戦の入り方が非常に重要である。この初戦を勝つことで、チーム全体が一気に乗っていくケースもある。初戦で失策などのミスをしないことは言うまでもなく重要なポイントだ。

負けが許される「春季大会」でいかにサブメンバーを試すか

高校野球の公式戦で唯一、勝ち上がっても甲子園の出場権が与えられない大会がセンバツと夏の甲子園予選の間に行われる。それが、3月から5月にかけて開催される春季大会である。この大会の影響によって、夏の予選から甲子園まで日程がタイトになることから、ダルビッシュ有は「春の地方大会やめて、夏の県大会予選5月からやればいいやん。」とXに投稿している。

実際のところ、春季大会で優勝をしても、夏の予選でシード権を与えられるのみ。不必要な大会はないことを前提にしても、多くの球児は甲子園に出場することを目標にして3年間練習をしていることを考えると、ダルビッシュのように大会の存在意義が見いだせない人がいるのもうなづける。

ただ、この春季大会は夏の大会に向けて、実戦を通した育成の場としても有効になりつつある。例年エースをベンチ外にし、2年生を試している大阪桐蔭をはじめ、**2024年のセンバツで頂点に立った健大高崎も佐藤と石垣のWエースはベンチ外だった。**さらに、他校を見ても近年は似たようなチーム編成が見受けられる。つまり、春季大会は、選手層を厚くするための底上げの場として春季大会が活用されていることがわかる。こうした認識がさらに一般化すれば、「**大会期間中にどれだけ多くの選手を起用するか」に各チームがポイントを置く**ようになっていくだろう。計算できる投手はもちろんのこと、守備や走塁のスペシャリストやユーティリティプレイヤーがこの春季大会からうまれてくるかもしれない。

予測不可能な勝負の「夏」で勝ち上がるためのプランニング

夏の大会は、予選と甲子園では戦い方が変わってくる。予選では、エリアによって過密日程の度合いが異なり、東京の場合、例年おおよそ中1～3日で試合をこなす必要がある。よって、炎天下での疲労を抑えるためにも、序盤で大量リードし、戦力を休ませながら勝ち上がることも重要である。ただ、**楽な展開だけではなく、甲子園に勝つための負荷をかける意味合いとして、苦戦する試合も経験しておくことが理想だ。**秋季大会や春季大会とは異なり、「試す起用法」というよりも点差が開いた試合展開で、「**場慣れをさせる起用法**」が必要になってくる。智弁和歌山を率いた高嶋氏や横浜を率いた小倉氏が言うように、予選決勝から逆算しながら投手起用することもポイントにあげられる（P143・170）。ただ、甲子園出場を狙えるような戦力の豊富な高校は、**「エースの投げなさすぎ」にも注意したいところである。**そのため、エースを大会序盤で場慣れさせることも十分考えられる。このように、予選では、大会全体のスケジュールや大会後から甲子園開幕までのスケジュールなどを考慮した選手運用が重要だ。

一方、夏の甲子園のプランニングは監督に経験値があっても難しいだろう。それは、予測不可能な事態が多発するからだ。甲子園の魔物と呼ばれる球場全体における雰囲気のプレッシャーや先が読めない組み合わせ、炎天下の中でのプレーの疲労などさまざまな面でシミュレーションの難易度が高いのだ。**ただ、優勝をするためには大会序盤から中盤までに苦しい試合を経験し、大会終盤にかけては負担がかかる試合を避けたいところである。**これは、くじ運にも左右される。優勝候補の高校であっても、過密日程とタフな試合が重なれば、高いパフォーマンスを維持するのは困難だ。過去の優勝校を見ても、2022年の仙台育英のように準決勝でエースを温存できていたり（P27）、大差の試合で選手を休ませている高校が優勝している。

逆に、2023年の仙台育英のように組み合わせの〝アヤ〟で**初戦から強豪と連戦している高校は、勝ち上がるごとに疲弊し、優勝を逃している事実も結果として出ている。**投手の運用ばかり注目されがちだが、タイトなスケジュールかつ炎天下でプレーが求められる大会となれば、**今後は捕手を中心とした野手の細かい運用にも注目されるのではないだろうか。**

投手・野手を問わない柔軟な起用法

現在の高校野球では「継投策」が大きなポイントとなっているのはここまで記した通りだが、**プロ野球よりもユーティリティな起用が増えている。**通常のリリーフやクローザー的な役割から、先発ながら短いイニングを投げるオープナー起用、複数イニングをまたぐストッパー起用、一人の選手が先発と中継ぎを両方こなす起用法など、その内容は多岐にわたる。

投手のユーティリティ起用を見ると、2022年夏の明秀日立がエース猪俣《いのまた》駿太と石川ケニーを左右交互に入れ替える起用法を見せた。仙台育英戦では敗れたものの、先発の石川を先発、3番手、5番手としてマウンドに上げて、猪俣を2番手、4番手、6番手でマウンドにあげた。**交互に投手起用をすることにより、仙台育英をこの大会で一番苦しめた。**また、2023年夏も香川県代表の英明《えいめい》が右サイドハンドの下村健太郎と外野手の左腕・寿賀弘都《すがひろと》を交互に代える継投策を見せた。

加えて、大谷翔平の活躍により、二刀流の選手も出てきた。かつて高校野球にも「4番投手」の選手は数多くいたが、**いまの二刀流の選手は、大阪桐蔭に在籍していた根尾に代表されるように、投手と投手以外のポジションを高いレベルでこなしている。**大阪桐蔭以外でも、このような選手は増えている。**2022年夏に大阪桐蔭を破った下関国際の仲井は、遊撃手と投手の二刀流で快進撃の立役者になった。**野手としては大会を通して打率.300 6打点を記録。打点はチームトップタイを記録し、投手としては、主にリリーフとして登板し、21イニングを超え26奪三振を記録した。

メインは野手でありながら、球速は最速147km／hを記録。2024年のセンバツでは、中央学院の颯佐《さっさ》心汰《ここた》が大会打率.375と、強打の遊撃手でありながら投手も務めた。さらに、エースの蔵並《くらなみ》龍之介が一塁手を守り、打率.333を記録するなど、投野のユーティリティ化で戦力を上手く運用させ、ベスト4まで勝ち進んだ。

2000年代になるが、明豊の今宮健太（現・福岡ソフトバンクホークス）も、遊撃手と投手を務めた。この今宮に関しては、投手としても先発からリリーフまで活躍し、甲子園では154km／hを記録するほどだった。投手と同様に、遊撃手は身体能力が高い選手が守ることが多い。そのため、球数制限などが設けられ、投手と野手のユーティリティ性が求められることを考えると、今後の高校野球では、**遊撃手として守るかたわら投手としても活躍する選手が増える可能性もあるだろう。**また、近江の山田は3年の時はエースだったが、2年の時は投手と外野手を務めた。2年生の時は3番、3年生の時は4番に座り、投打にわたる活躍を見せ、近江を2度の夏ベスト4と春準優勝に導いた。

中長期的なチームづくりに必要な選手起用

高校野球は世代交代が激しいため、中長期的なチームづくりが難しい。そのため、高校野球では3年生ばかり起用するのではなく、**1年生、2年生を積極的に起用することが鍵になる。**中長期的に強さを継続していくのであれば、投手陣はもちろんのこと、打線の主軸やセンターラインにも1

年生や2年生を使うこともポイントになる。

具体的には、2018年に春連覇、春夏連覇を果たした大阪桐蔭は、投手陣は柿木や横川が前年の甲子園を経験しており、野手では藤原や中川、山田、宮崎が経験している。根尾にいたっては、投打で経験した。2年生で甲子園を経験している選手が、投手陣からセンターライン、主軸まで網羅的に占めていたこともあり、「最強世代」に相応しい強さを見せた。

また、2022年にセンバツ準優勝、夏はベスト4を果たした近江を振り返ると、**主軸やセンターラインの選手は、前年の夏にベスト4を記録した時のメンバーだった。**エース山田は投手と野手、そして4番打者として前年の甲子園に出場。津田基《もとき》が2年生で二塁手、横田悟は1年生ながら遊撃手として出場しており、エース、4番打者、センターラインと前年の甲子園を経験していた。

加えて、**2023年夏に準優勝した仙台育英も、前年の優勝メンバーが揃っていた。**投手陣は、高橋や湯田、仁田が前年を経験しており、捕手の尾形や遊撃手の山田、中堅手の橋本といったセンターラインが経験していた。さらに、斎藤陽は前年から4番を担っており、こちらも2年生の段階でそれぞれがチームの中心を担っていたことがわかる。

その他を見ても、2000年代になるが夏2連覇を果たした2005年の駒大苫小牧は、前年の甲子園で涌井秀章からサイクルヒットを記録した二塁手の林裕也を中心に、五十嵐大もレギュラーとして出場。投手陣でも、松橋拓也が甲子園のマウンドを経験していた。

さらに、前年で結果を残せなかったものの、2010年の興南や2015年の東海大相模は、投手陣やセンターライン、主軸が甲子園を経験していた。これらの起用法は、世代によるレベルの差や選手層、上級生を出場させなければいけない事情などに左右されるが、単年ではなく**継続した強さを見せるには、このように下級生を育てながら実戦で起用していくことが重要になっていく。**

「定量」と「定性」のバランスの重要さ

近年、野球を見るにあたり、様々な視点からデータをくみ取れる。そのため、今ではプロ野球と同様に、**高校野球でもデータを活かした「定量」の見方と、感覚的な要素を必要とする「定性」の見方を活かした指導がある。**

「定量」データに基づく指導は、選手を客観視できるメリットがあるが、**「定性」的な見方に基づく指導の場合は、データには表れない潜在的な能力を引き出せるメリットがある。**

定性的な部分は、ぱっと見の「直感」でわかることや選手の性格、思考、モチベーションなどだ。また、高校野球の場合は〝魔物〟といわれる、メンタル面の要素や応援される要素も、定性的な部分に含まれるだろう。データを把握することは大前提だが、**その上で感性も活かした「感覚値」に統合して落とし込むことが、データ以上の成果を導くための鍵になっていくと考えている。**

さらに、**須江氏が語るように、選手の勝負強さは定性的な部分に入ってくる。**定量的な視点から試合展開やゲームプランを立てて、定性的な部分で想定外な局面に対応していくことが重要だろう。「定量」と「定性」の部分をバランスよく取り入れることで、選手の数字的な部分から性格まで、各々の適性を見て起用することができるのだろう。

低反発バットが日本球界のレベル低下を招く恐れ

低反発バットの導入に向けた議論が日本高野連で本格的に始まったのが2019年だ。そして、2022年から2年間の移行期間を経て、ついに2024年春より正式に導入されることになった。導入される背景には、打球による負傷事故防止や全体を「打低」にすることで、投手の負担軽減をすることが理由とされているが、**弊害も少なくなさそうなのだ。**前述の通り、昨年開催されたU―18野球で馬淵氏がバント作戦を中心とした「スモールベースボール」で優勝した。この結果を受けて、**低反発バット導入後、U―18の戦い方を参考にする監督は増えるのではないだろうか。**

高校野球では、1日に複数試合開催されることが影響してグラウンドが荒れるケースも珍しくない。それに技術的に完成されているプロ野球とは異なり、**「ゴロを転がせば何かが起きる」可能性が高い。だからこそ、低いライナー、ゴロを選手達に意識させる傾向がより顕著になりそうだ。**

また、打力を武器にしたチームを目指していくなら、2004年の駒大苫小牧や2022年の仙台育英のように、派手な一発はなくても、「強くて低いライナーを打てる選手を並べる」ことが最適解になるといってもいい。

しかし、そういったチームはあくまで少数派。基本的には守備を重視するチームの方が多いため、一発勝負のトーナメントにおいては、**さらに犠打が増えていくと予想される。あるいは、走力が水**

準以上あり、小回りが利く選手を並べる高校も増えていくと思われる。

これまでも、21世紀の夏の甲子園優勝校でチーム犠打数が一桁で大会を終えた高校は2012年の大阪桐蔭と2016年の作新学院のみである（P97）。加えて、失策の少ない高校が優勝している傾向もあることから、**今まで以上に細かいミスがない洗練された野球ができるかが、勝ち残る上で鍵になっていくだろう。**

前述したように、低反発バットの導入によって、確実に打力は下がるだろう。高校野球の場合は、身体が出来上がっていない選手達がプレーしているため、少なからず金属バットによる恩恵があった。にもかかわらず、**投手に関しては以前よりも球速が高速化しており、「投高打低」の傾向が強くなると予想されている。**体格の出来上がってい

【図15】低反発バット導入前後の大会記録の比較（打撃成績）

項目	2019年センバツ	2024年センバツ
得点数	246	200
本塁打数	19	3
盗塁数	53	70
犠打数	90	119
長打率	.345	.286
フライ軌道の打球に占める安打の割合	28.4%	24%

※試合数が同じだった2019年大会と比較
※「日程・結果 - 第91回選抜高校野球2019（センバツ）」日刊スポーツ（https://www.nikkansports.com/baseball/highschool/senbatsu/2019/schedule/）
「日程・結果 - 第96回選抜高校野球（2024）」日刊スポーツ（https://www.nikkansports.com/baseball/highschool/senbatsu/2024/schedule/）をもとに作成

ない高校生は、外角のボールを長打にしづらく、投手の外角攻めはさらに増える可能性は高い。プロより外角のストライクゾーンが広めなこともあり、**外角に投げることはメリットしかない。**

打者目線で見ても、低反発バットにより、以前よりも深層心理の部分で打球が飛ばない意識が刷り込まれる。そのため、無意識に遠心力をつけようとし、打者のフォームもテイクバックの際に、左肩が入り過ぎてしまうことも増えていくと予想している。**このことから、ミートできる確率が下がってしまい、ヒットの数が減っていく傾向も可能性としては考えられる。**これを踏まえると、心理的な部分を含めて打者が不利の状況は、この先も続いていくだろう。

実際、図15の通り、低反発バット導入後最初の大会となったセンバツでは、大会ホームラン数が金属バット導入後**最少の3本塁打**に終わった。さらに、フライ軌道の打球に占める安打の割合を見ると、2024年のセンバツでは24％だった。コロナ禍前で試合数が同じだった2019年のセンバツと比較すると、**28・4％より4・4ポイント下がっており、フライが失速することが多かった。この数字はここ5大会で最も低い。**加えて、当大会の総得点数は200。こちらも**2019年のセンバツでは246だったため、大きく減った結果となる。**

逆に、大幅に増えたのが盗塁と犠打。2019年時よりも盗塁は17個、犠打は29個増加した。

その一方で、定量的なデータはもちろんのこと、定性的な部分でも変化があった。打球が飛ばないことを予測し、外野手の守備位置が定位置よりも前で守る場面が多々見受けられたのだ。従来のバットから大きく変化したことで、選手個人の将来を考えると低反発バットより**木製バットを使用**

した方が、野球選手としてのキャリアを積み上げられやすくなる可能性も感じられた大会だった。

〝統一球〟が導入された当時のプロ野球を思い出してほしい。2011年から2012年はシーズンを通して3割打者がほとんどいない状態で、投手は防御率1点台から2点台がほとんどだった。つまり、**打者と投手に対し、正常な評価をすることも難しい時期になっていた。**そのため、高校野球からドラフト候補を見つけ出すのが困難な、スカウト泣かせの時代になるかもしれない。

また、プロ野球がかつてそうであったように、**低反発バットの導入が選手の成長の妨げになる可能性が高いことも懸念される。**他国の事例でいうと、木製バットを2005年から導入している韓国の高校野球だが、韓国球界で中長期的に若手選手の打力が下降しているといわれている。それもあってか、2000年代と比較して日韓のレベル差は開く一方。フル代表に関しては2015年のプレミア12以降、日本代表が4連勝しており、昨年のWBCでは9点差をつけて快勝している。

そんな中、高校時代から打者に制約を受けるような状況をつくっているのが日本の現状だ。**打者のレベルが低下する可能性は否めないし、5〜10年後のプロ野球にも影響が出ていくと予想される。**

おわりに

本書が正式に決まったのは2023年の冬である。執筆することになったきっかけは、『戦略で読む高校野球』の反響があったことにより、編集者さんから類書がないテーマ・企画の依頼をいただいたからだ。夏の甲子園真っ最中の時期に連絡をいただき、その後正式に出版が決まった。本書をつくり上げるにあたり、編集や各監督へのアポイントメント、アドバイス等をしていただいたことを含めて、尽力いただいている各媒体の方々には頭が上がらない。

依頼を受けた時は、これまで書いてきたようなカテゴリの戦略や戦術ではなく、「監督の育成やマネジメント、采配から見た分析とビジネスや教育のヒントを得る」といった非常に抽象度の高いテーマだった。そのため、14人の監督を中心に参謀役である部長やコーチを含め、各高校の育成や大会ごとのプランニング、勝ち上がり方などの分析をした。

また、書籍の執筆は一般的には半年はかかるといわれていることや、今回はこれまでのテーマとは別のカテゴリなだけに、〆切日までの3ヶ月間で書き上げられるか不安だった。しかし、編集者さんの段取りが良かったこともあり、いいペースで書き進めることができ、センバツ前にはほとんど書き終わっていた。書き終えてみるとやはり達成感があり、今後も様々な媒体から発信を続けたいという気持ちが強まった。

本書を完成させるにあたり、お世話になった多くの方々に感謝を申し上げたい。特に、アポイントメントに対し、返答までしていただいた須江航さんや推薦帯にご協力をいただいた桑田真澄さんには感謝の気持ちでいっぱいだ。


ここ数年、高校野球連盟や野球ファンの枠を超えて、お茶の間レベルにまで「高校野球改革論」が話題にのぼる。「選手のためにルールを決めて安全にプレーさせる」と主張する「管理派」と、「選手のために努力をさせ、勝利や感動をもたらすべき」という「根性派」に議論が二分され、その答えは出ていない。なぜこのような分断が起こるのか。それはデータや近年の戦術の動向、野球の制度化の歴史を踏まえていない議論が横行しているからである。

本書では、「名将」と呼ばれる監督たちの変化を分析することによって、現代における高校野球の実像を詳《つまび》らかにしながら、これからの甲子園の在り方を考え、スポーツにおける「感情」と「ロジック」のバランスにヒントを見いだした一冊になったのではないだろうか。

高校野球は「プロ」でも「ビジネス」でもなく、「教育の一環」として行われるものである。逆に言えば、高校野球はプロでもビジネスでもないからこそ、ドラマや感動を生み出している。甲子園出場までの各校のストーリー性、トーナメントの儚《はかな》さ、意外性、無名校による下克上、高校時代という青春の共感、ヒーローの誕生……その魅力は挙げればきりがなく、プロ野球日本代表の国際大会の源泉になっているのは言うまでもない。高校野球は、プロ野球とは異なり成人していない段階の育成やマネジメント、父母会の対応が必要になる。また、精神的に成熟していない学生だからこそ、プレーに波があることや、思いがけないドラマ性が生まれて、高校野球は素晴らしいものになる。

そのため、外からの意見で恐縮だが、選手はもちろん監督も含め、高校野球ができる2年半を楽しみながらプレーをしてほしいと思っている。自分も良い成績を残し、試合に勝利した時が最高の瞬間だと思うが、結果ばかりを追い求めるのではなく、昨日より進歩している自分を実感したり、できなかったことができるようになったり……「成長」という名のプロセスも楽しんでほしい。

一方、「はじめに」でも触れたが、現代は指導者や上司にとって酷な時代である。すぐに「パワハラ」「モラハラ」と指摘されてしまう中で、生徒や社員を教育するのは難題だ。そんな状況のため、自分が責められることのないように、「我関せず」の無機質な態度で接してしまう指導者や上司も少なくないという。さらに、高校野球界でも定量的にデータを取り始め、多くの高校がデータに基づいた野球をし始めている。しかし、そんな今だからこそ人間味のある指導も大事にしていきたい。

高校野球の魅力はやはり、大会期間中に大きく成長する選手の存在や、時代ごとに頂点を極める高校が変わることであり、プロスポーツとは別の面白さがある。人気は依然として高い。アマチュア野球ながらも文化や伝統がこれだけある高校野球はこれからも大切にしていくべきだろう。「古き良き時代のもの」として、残すべきものは残していきながら時代に適応し、今後はさらにドラマ性ある試合を歴史とともにつくり上げていってほしい。私自身は野球の「プロ」という立場ではないが、このようなかたちで野球というスポーツに携われていることにも、感謝している。人生の長いスパンで見て、一般的に考えると趣味や好きなものに携わりながら、発信できることはめったにできない経験だろう。そのため、こういったかたちで、出版できたことや各媒体から発信をできていることに感謝しかない。

今回は、書籍として「高校野球の監督」から様々なカテゴリに、派生させながら書かせていただいたが、今後は各選手に対してさらに深く細分化した内容や、高校野球全体の内容なども書いていきたいと思っている。何より現在は、このようなご時世だからこそ、今後もどんどんメディアを通じて野球に関する内容を発信したいと思っている。

２０２４年６月

ゴジキ（@godziki_55）

参考文献

【書籍・雑誌】

ゴジキ(@godziki_55)『巨人軍解体新書』光文社新書、2021年
ゴジキ(@godziki_55)『東京五輪2020「侍ジャパン」で振り返る奇跡の大会』インプレスICE新書、2021年
ゴジキ(@godziki_55)『アンチデータベースボール』カンゼン、2022年
お股ニキ(@omatacom)『セイバーメトリクスの落とし穴』光文社新書、2019年
須江航『仙台育英日本一からの招待　幸福度の高いチームづくり』カンゼン、2022年
須江航『二度消えた甲子園 仙台育英野球部は未曽有の苦境をどう乗り越えたのか』ベースボール・マガジン社、2020年
須江航『伝わる言葉。失敗から学んだ言葉たち』集英社、2023年
森林貴彦『Thinking Baseball――慶應義塾高校が目指す"野球を通じて引き出す価値"』東洋館出版社、2020年
大利実ほか『甲子園の名参謀』竹書房、2021年
大利実『高校野球界の監督がここまで明かす！ 野球技術の極意』カンゼン、2018年
大利実『高校野球界の監督がここまで明かす！ 走塁技術の極意』カンゼン、2022年
大利実『高校野球界の監督がここまで明かす！ 打撃技術の極意』カンゼン、2020年
大利実『激戦 神奈川高校野球 新時代を戦う監督たち』インプレス、2018年
大利実『新時代の中学野球部 勝利と育成の両立を目指す名将の指導論』カンゼン、2023年
大利実『変わりゆく高校野球 新時代を勝ち抜く名将たち「いまどき世代」と向き合う大人力』インプレス、2017年
大利実『101年目の高校野球「いまどき世代」の力を引き出す監督』インプレス、2016年
上田誠『エンジョイ・ベースボール：慶應義塾高校野球部の挑戦』NHK出版、2006年
井上幸太『貫道 甲子園優勝を目指す下関国際高校野球部・坂原秀尚監督とナインの奮闘』東京ニュース通信社、2023年
東哲平『常勝軍団のつくり方』竹書房、2022年
田尻賢誉『日大三高・小倉全由のセオリー《心のつながりで勝つための法則75》』ベースボール・マガジン社、2020年
田尻賢誉『明徳義塾・馬淵史郎のセオリー 勝つ確率を上げる法則83』ベースボール・マガジン社、2021年

田尻賢誉『高校野球 弱者が勝つ方法 強豪校を倒すための戦略・心構え・練習法』廣済堂出版、2018年
田尻賢誉『智弁和歌山・高嶋仁のセオリー《甲子園最多勝監督の勝つための法則88》』ベースボール・マガジン社、2019年
小倉清一郎『参謀の甲子園 横浜高校 常勝の「虎ノ巻」』講談社+α文庫、2015年
小倉清一郎『小倉ノート 甲子園の名参謀が明かす「トップチーム」の創り方』竹書房、2015年
渡辺元智『人を育てる渡辺メモ 高校野球名将の金言』ベースボール・マガジン社、2019年
渡辺元智『人生の勝利者たれ』報知新聞社、2016年
川崎絢平『柔軟力』竹書房、2020年
ベースボール・クリニック編『野球のトレーニング理論と実践 チームサポート編』ベースボール・マガジン社、2022年
金沢成奉『野球で人生は変えられる 明秀日立・金沢成奉監督の指導論』日本文芸社、2022年
谷上史朗『一徹―― 智辯和歌山 高嶋仁 甲子園最多勝監督の葛藤と決断』インプレス、2019年
週刊ベースボール編集部「週刊ベースボール別冊若葉号 選抜高校野球大会総決算号」(第72回～第96回)ベースボール・マガジン社
週刊ベースボール編集部「週刊ベースボール増刊 全国高校野球選手権大会総決算号」(第67回、第69回、第82～第104回)ベースボール・マガジン社
スポーツ・スピリットNo．32「高校野球甲子園『記録の90年』」ベースボール・マガジン社、2008年
英和ムック『夏の甲子園全大会記録データBOOK』英和出版社、2022年

【Web】
「本がすき。お股ニキ(@omatacom)の野球批評『今週この一戦』を振り返る」note
「『ゴジキの巨人軍解体新書』」note
「データで読む高校野球 2022」集英社新書プラス
「『ゴジキの新・野球論』」WANI BOOKS NewsCrunch
「日刊SPA!」
「スポーツナビ」
「お股塾」

ぶりが顕著」讀賣新聞オンライン、2022年8月9日
https://www.yomiuri.co.jp/sports/npb/20220808-OYT1T50236/
CXL…………大利実ほか『甲子園の名参謀』P58、竹書房、2021年
CXLI…………同前、P27

CXXIII……同前、P69
CXXIV……大利実『高校野球継投論』P280、竹書房、2019年
CXXV……同前、P303・304
CXXVI……「中京大中京・畔柳『腕に力が入らなくなった』」デイリースポーツ online、2021年3月31日
https://www.daily.co.jp/baseball/2021/03/31/0014199502.shtml
CXXVII……「日大三・小倉全由監督が驚いた早実・斎藤佑樹のスタミナ、コロナ禍で情報入らず惜敗」SPAIA、2022年8月29日
https://spaia.jp/column/baseball/hsb/19090
CXXVIII……「名将の警鐘。高校野球で蔓延する食トレと〝心の機械化〟」NewsPicks、2017年11月15日　https://newspicks.com/news/2623478/body/
CXXIX……小倉全由『「一生懸命」の教え方』P64、日本実業出版社、2021年
CXXX……田尻賢誉『日大三高・小倉全由のセオリー《心のつながりで勝つための法則75》』P44、2020年、ベースボール・マガジン社
CXXXI……同前、P162
CXXXII……同前、P171
CXXXIII……同前、P129

第５章

CXXXIV……朝日新聞スポーツ部『高校野球 名将の流儀』P102, 朝日新書、2023年
CXXXV……「『やらされている百発より、やる気の一発』高校時代のイチローらを育てた中村豪氏が語る」致知出版社公式HP、2021年3月21日
https://www.chichi.co.jp/web/20200727_nakamura_ichiro/
CXXXVI……「慶應野球部の挑戦から見える、日本企業の『変革』のヒント」KPMG、2023年12月11日
https://kpmg.com/jp/ja/home/insights/2023/12/interview-keio-baseballclub01.html
CXXXVII……「一流ビジネスマン兼大阪学院大高監督が語る『野球と会社の共通点』激戦区で甲子園を狙う指導法とは」web Sportiva、2024年4月23日
https://sportiva.shueisha.co.jp/clm/baseball/hs_other/2024/04/23/post_43/?page=2
CXXXVIII……「坂本勇人が牽引した鉄壁の守備陣　日本野球の強さを証明した…担当記者が見た」スポーツ報知、2021年8月9日
https://hochi.news/articles/20210808-OHT1T51280.html?page=1
CXXXIX……「プロ野球選手の最多出身地は大阪ですが、人口比でみると…「西高東低」

第４章

CVII……『なぜ』を大事に　大谷翔平らを育てた花巻東の監督が説く、練習の肝」朝日新聞デジタル、2023年12月10日　https://www.asahi.com/articles/ASRDB6HDNRDBPTQP003.html

CVIII……同前

CIX……同前

CX……「花巻東・佐々木監督『今はカスタマイズして教える時代』雄星、大谷もした柔軟トレ語る　甲子園塾」日刊スポーツ、2023年12月9日　https://www.nikkansports.com/baseball/highschool/news/202312090001244.html

CXI……同前

CXII……林卓史、井上元輝、奈良隆章「野球における卓越した指導者の指導に関する事例研究」P24（https://www.google.com/url?q=https://www.jstage.jst.go.jp/article/jcoaching/36/1/36_19/_pdf/-char/en&sa=D&source=docs&ust=1712305945802774&usg=AOvVaw39_T1gRedZI1QlaLLEArqa）

CXIII……「『なぜ』を大事に　大谷翔平らを育てた花巻東の監督が説く、練習の肝」朝日新聞デジタル、2023年12月10日
https://www.asahi.com/articles/ASRDB6HDNRDBPTQP003.html

CXIV……「菊池雄星と大谷翔平の恩師が語る、花巻東育成メソッドと6年間の物語。」Number Web、2019年1月15日
https://number.bunshun.jp/articles/-/833166?page=4

CXV……「花巻東から初の東大合格、大谷に次ぐ〝二刀流〟球児」日刊スポーツ、2021年3月11日
https://www.nikkansports.com/baseball/news/202103100001359.html

CXVI……渡辺元智『人生の勝利者たれ』P116、報知新聞社、2016年

CXVII……小倉清一郎『小倉ノート 甲子園の名参謀が明かす「トップチーム」の創り方』P53、竹書房、2015年

CXVIII……同前、P85・86

CXIX……小倉清一郎『参謀の甲子園』P143、講談社＋α文庫、2017年

CXX……同前P153、講談社＋α文庫、2017年

CXXI……大利実『新時代を勝ち抜く名将たち』P68、インプレス、2017年

CXXII……同前

日　https://number.bunshun.jp/articles/-/854345?page=3

XC……「下関国際・坂原監督、涙のナイン称える　『下関に覚悟を持ってきてくれてありがとう』」Full-Count、2022年8月22日
https://full-count.jp/2022/08/22/post1270315/

XCI……「〝監督不在の野球部〟が17年で甲子園準V…下関国際・坂原監督の「弱者が強者を飲み込む野球」はいかに生まれたか？」Number Web、2022年8月23日　https://number.bunshun.jp/articles/-/854345?page=3

XCII……田尻賢誉『智弁和歌山・高嶋仁のセオリー《甲子園最多勝監督の勝つための法則88》』P23、2019年、ベースボール・マガジン社

XCIII……同前、P221

XCIV……同前、P222

XCV……同前、P142

XCVI……同前、P144

XCVII……同前、P206

XCVIII……同前、P207

XCIX……同前、P160

C……「【狙うセンバツ制覇】東海大菅生・若林監督が貫く〝昭和な指導〟『選手に好かれたいと思ったことは、一度もない』」Number Web、2021年1月17日
https://number.bunshun.jp/articles/-/846678?page=1

CI……同前　https://number.bunshun.jp/articles/-/846678?page=2

CII……「東海大菅生が日大三に完勝した舞台裏。綿密なシナリオで早実も標的に」web Sportiva、2017年7月27日　https://sportiva.shueisha.co.jp/clm/baseball/hs_other/2017/07/27/___split______split_1/?page=2

CIII……同前
https://sportiva.shueisha.co.jp/clm/baseball/hs_other/2017/07/31/___split______split_3/?page=3

CIV……「東海大菅生・小玉佳吾『めちゃくちゃ楽しかった』甲子園、旋風巻き起こしたベスト4」4years.、2021年8月15日
https://4years.asahi.com/article/14406215

CV……「東海大菅生が日大三に完勝した舞台裏。綿密なシナリオで早実も標的に」web Sportiva、2017年7月27日　https://sportiva.shueisha.co.jp/clm/baseball/hs_other/2017/07/31/___split______split_3/?page=3

CVI……「早実を撃破で甲子園。東海大菅生バッテリーが「勝利の配球」を明かす」web Sportiva、2017年7月31日　https://sportiva.shueisha.co.jp/clm/baseball/hs_other/2017/07/31/___split______split_3/

年3月19日　https://toyokeizai.net/articles/-/162824?page=2

LXXV……「『監督は人見知りの元ローソン店長』センバツ準優勝に導いた39歳のスゴい観察眼」プレジデントオンライン、2021年4月14日
https://president.jp/articles/-/45016?page=2

LXXVI……「【明豊】川崎絢平監督｜情に流されて勝てるほど甘くなかった甲子園」Timely! WEB、2023年11月6日
https://timely-web.jp/article/4943/#google_vignette

LXXVII……同前

LXXVIII……「『どれだけ練習すれば甲子園で勝てるのか』敦賀気比の東哲平監督が通算20勝目へ手応え【センバツ】」中日スポーツ、2022年1月26日
https://www.chunichi.co.jp/article/407227

LXXIX……東哲平「常勝軍団の作り方」P48、竹書房、2022年

LXXX……同前P159

第3章

LXXXI……「〝監督不在の野球部〟が17年で甲子園準V…下関国際・坂原監督の『弱者が強者を飲み込む野球』はいかに生まれたか？」Number Web、2022年8月23日　https://number.bunshun.jp/articles/-/854345?page=2

LXXXII……同前

LXXXIII……同前

LXXXIV……「高校野球で人生に誇りを。下関国際・坂原監督が伝えたいこと」web Sportiva、2018年3月14 日
https://sportiva.shueisha.co.jp/clm/baseball/hs_other/2018/03/14/___split_1/?page=4

LXXXV……同前
https://sportiva.shueisha.co.jp/clm/baseball/hs_other/2018/03/14/___split_1/index.php?page=2

LXXXVI……「『文武両道あり得ない』下関国際・坂原監督が野球論語る」日刊ゲンダイ、2017年8月12日
https://www.nikkan-gendai.com/articles/view/sports/211366/5

LXXXVII……『貫道　甲子園優勝を目指す下関国際高校野球部・坂原秀尚監督とナインの奮闘』P75、東京ニュース通信社、2023年

LXXXVIII……同前、P211

LXXXIX……〝監督不在の野球部〟が17年で甲子園準V…下関国際・坂原監督の「弱者が強者を飲み込む野球」はいかに生まれたか？」Number Web、2022年8月23

Number Web、2023年8月20日
https://number.bunshun.jp/articles/-/858503?page=2

LIX……「慶応高校野球部・森林監督、甲子園を優勝したからこそ言える『高校野球の半分は嫌い』の真意」ダイヤモンド・オンライン、2023年10月19日
https://diamond.jp/articles/-/329976?page=5

LX……「〝間〟のスポーツ×団体競技。ノムさんが考える『野球とは何か?』」BEST TiMES、2017年3月21日
https://www.kkbestsellers.com/articles/-/5028/#google_vignette

LXI……「『監督、この練習は必要ないと思います』学生が直提案…慶応高野球部、取材記者が目撃した〝強さの本質〟『丸刈りor長髪論争が話題だが…』」Number Web、2023年8月22日　https://number.bunshun.jp/articles/-/858527?page=1

LXII……同前

LXIII……「『監督、この練習は必要ないと思います』学生が直提案…慶応高野球部、取材記者が目撃した〝強さの本質〟『丸刈りor長髪論争が話題だが…』」Number Web、2023年8月22日　https://number.bunshun.jp/articles/-/858527?page=2

LXIV……「【甲子園】慶応監督　『髪、練習時間…ご意見いただくことも』　信念貫き『こういう高校野球の形もあると』」スポニチ Sponichi Annex、2023年8月23日
https://www.sponichi.co.jp/baseball/news/2023/08/23/kiji/20230823s00001002617000c.html?amp=1

LXV……同前

LXVI……「甲子園連覇狙う作新学院『考える野球』の真髄」東洋経済ONLINE、2017年3月19日　https://toyokeizai.net/articles/-/162824?page=4

LXVII……同前

LXVIII……同前

LXIX……同前

LXX……「甲子園連覇狙う作新学院『考える野球』の真髄」東洋経済ONLINE、2017年3月19日　https://toyokeizai.net/articles/-/162824?page=3

LXXI……同前

LXXII……「『準備と覚悟』作新学院・小針監督の指導方法に迫る」日刊スポーツ、2019年7月30日
https://www.nikkansports.com/baseball/column/techo/news/201907300000433.html?mode=all

LXXIII……同前

LXXIV……「甲子園連覇狙う作新学院『考える野球』の真髄」東洋経済ONLINE、2017

2021年

XLIII……同前、P140・P142

XLIV……同前、P99

XLV……「【祝！世界一】U18侍」を初優勝に導いた名将・馬淵史郎がその野球人生を振り返る。松井秀喜5連続敬遠の真相とは？【中川絵美里と野球⑪馬淵史郎監督編③】」スポーツナビ 野球チャンネル、2023年9月11日
https://youtu.be/cCG5L1XJ-1o?feature=shared

XLVI……田尻賢誉『明徳義塾・馬淵史郎のセオリー 勝つ確率を上げる法則83』P100、ベースボール・マガジン社、2021年

XLVII……同前、P106

XLVIII……同前、P107

XLIX……同前

L……同前

LI……「明徳が作新学院・今井対策　馬淵監督『今井君からは取れて2点』」デイリースポーツonline、2016年8月19日
https://www.daily.co.jp/baseball/2016/08/19/0009405468.shtml

LII……「〝力感ない剛腕〟作新・今井を打てず。明徳・馬淵監督『春、勝つよ』と去る。」Number Web、2016年8月20日
https://number.bunshun.jp/articles/-/826331?page=1

LIII……田尻賢誉『明徳義塾・馬淵史郎のセオリー』P109、ベースボール・マガジン社、2021年

LIV……同前、P113

LV……「明徳義塾・馬淵監督『絶対おもしろくなる』　低反発バットでの戦い方」朝日新聞デジタル、2024年3月18日
https://www.asahi.com/articles/ASS315DFTS22PTQP003.html

第2章

LVI……「慶應・森林貴彦監督の描く高校野球の未来とは？『任せる、信じる、待つ、許す－自分で答えを見つけてほしい』」婦人公論. jp、2023年9月15日
https://fujinkoron.jp/articles/-/9635

LVII……「慶応高校野球部・森林監督、甲子園を優勝したからこそ言える『高校野球の半分は嫌い』の真意」ダイヤモンド・オンライン、2023年10月19日
https://diamond.jp/articles/-/329976

LVIII……「慶応の応援〝もはや圧力〟…沖縄尚学ナインの証言『聞いたことのない音』『会話ができない』あの無敵エース・東恩納蒼〝いつもと何が違ったのか〟」

関係性」スポーツナビ 野球チャンネル、2022年7月21日
https://youtu.be/s9yXbJeiBts?feature=shared

XXVIII……「史上初の二度目の春夏連覇を導いた西谷監督が語る大阪桐蔭に必要な2つのマインドから見える一流選手になる条件」高校野球ドットコム、2020年1月23日　https://www.hb-nippon.com/2020/01/20200120no67mei/

XXIX……同前

XXX……同前

XXXI……同前

XXXII……「監督自ら50回通って選手を獲る。大阪桐蔭の土台は徹底したスカウト。」Number Web、2017年4月3日
https://number.bunshun.jp/articles/-/827777?page=2

XXXIII……同前

XXXIV……「【甲子園歴代最多勝】西谷浩一監督率いる大阪桐蔭野球部「退部者」が極度に少ないワケ」NEWSポストセブン、2024年3月28日　https://www.news-postseven.com/archives/20240328_1951994.html/2

XXXV……「松井秀喜〝5打席連続敬遠〟の夏から31年…『おとなのエゴ』と断じられた明徳義塾・馬淵史郎監督が語っていたホンネ『あそこまで書くなら…』」Number Web、2023年10月4日
https://number.bunshun.jp/articles/-/859107

XXXVI……「馬淵監督が明かす2002年夏の甲子園優勝チーム　『冬場は一切、打撃練習をしていないんですよ』」高校野球ドットコム、2023年9月13日
https://www.hb-nippon.com/2023/09/12/115/

XXXVII……同前

XXXVIII……大利実『101年目の高校野球「いまどき世代」の力を引き出す監督たち』P66、インプレス、2016年

XXXIX……「【U18W杯】馬淵監督「バントができる選手を20人選びました」主将は広陵・小林隼翔に決定」日刊スポーツ、2023年8月24日
https://www.nikkansports.com/baseball/highschool/news/202308240001347.html

XL……「『伝家の宝刀』で世界一　3者連続バント、一気に逆転　野球U18」毎日新聞、2023年9月11日
https://mainichi.jp/articles/20230911/k00/00m/050/032000c

XLI……「『成功するか分からなかった』…それでもスモールベースボールにこだわった馬淵史郎監督の想い」BASEBALLKING
2023年10月12日　https://baseballking.jp/ns/column/396294

XLII……田尻賢誉『明徳義塾・馬淵史郎のセオリー』P138、ベースボール・マガジン社、

XIII …………「【甲子園】仙台育英、〝須江マジック〟で難敵・履正社倒し春夏通算60勝　Vスクイズ決めた5番尾形『やる気満々でした』」サンスポ、2023年8月18日
https://www.sanspo.com/article/20230818-OTCUJWJJVBKLLF3KTFRMHTNLSQ/?outputType=theme_highschoolbb
XIV …………「東北監督『きょうはノーサイン。いつもの野球はできた』センバツ」毎日新聞、2023年3月18日
https://mainichi.jp/articles/20230318/k00/00m/050/190000c
XV …………「【対談 #1】西岡剛×森友哉　『野球を始めたきっかけとは!? 大阪桐蔭時代を振り返る』」西岡剛 チャンネル【Nishioka Tsuyoshi Channel】2023年2月17日　https://youtu.be/e1JyQgmBWSg?feature=shared
XVI …………「【大阪桐蔭】『平成最強校』を率いる西谷監督のオフ練習、オフトレ論（後編）」Timely! WEB、2018年1月17日　https://timelyweb.jp/article/1997/
XVII …………「一度チームワークを捨て、その後に。大阪桐蔭を支える個と団結力の哲学。」Number Web、2018年8月21日
XVIII …………同前
XIX …………「週刊ベースボール増刊　第96回全国高校野球選手権大会総決算号」ベースボール・マガジン社、2014年、P129
XX …………同前、P5
XXI …………「大阪桐蔭『最強世代』の頭脳　データ班『コタニ』の力」産経ニュース、2018年9月6日　https://www.sankei.com/article/20180906-Z4VM5HMUS5L5TH7XBCSQQE3VOA/
XXII …………同前
XXIII …………「週刊ベースボール増刊　第94回全国高校野球選手権大会総決算号」P31、ベースボール・マガジン社、2012年
XXIV …………「大阪桐蔭歴代イチのミート力。森友哉は低身長、短い腕でもカッコええ」web Sportiva、2019年6月20日
https://sportiva.shueisha.co.jp/clm/baseball/npb/2019/06/20/___split_108/?page=2
XXV …………「森 友哉、中村 剛也らプロの世界で活躍する大阪桐蔭OB　若手選手も続くことが出来るか」高校野球ドットコム、2023年5月29日
https://www.hb-nippon.com/2023/05/29/1632775/
XXVI …………「『なぜドラフトで指名されない?』西谷浩一監督が直球質問に答えた」NEWSポストセブン、2022年11月8日　https://www.news-postseven.com/archives/20221108_1810036.html/2
XXVII …………「【大阪桐蔭 元主将対談#2】西谷監督に朝5時半から課された〝苦行〟とは?『寝たかった…（笑）』〝強豪校あるある〟の厳しい感じとは違う選手と監督の

引用文献

はじめに

I ……「イチロー氏『指導する側が厳しくできない』時代の流れ『酷だけれど…自分たちで厳しくするしか』」スポニチ Sponichi Annex、2023年11月6日 https://www.sponichi.co.jp/baseball/news/2023/11/06/kiji/20231106s00001002555000c.html?amp=1

II ……同前

III ……同前

IV ……「甲子園Vの智弁和歌山・中谷監督が講演『指導者がアップデートを』」朝日新聞デジタル、2021年11月28日 https://www.asahi.com/articles/ASPCW6WZ4PCWULUC00Q.html

V ……同前

VI ……同前

第1章

VII ……【センバツ】明徳義塾が仙台育英に1安打零敗　名将・馬淵監督も脱帽『よくあれだけ足の速いのを…』」東スポWEB、2021年3月19日 https://www.tokyo-sports.co.jp/articles/-/20137

VIII ……「【仙台育英】『センスがないね』から始まった猿橋部長との出会い」Timely! WEB、2022年6月22日　https://timely-web.jp/article/4658/

IX ……「WEB特集『人生は敗者復活戦』仙台育英 須江監督」NHK、2023年9月1日 https://www3.nhk.or.jp/news/html/20230901/k10014177301000.html

X ……同前

XI ……「センバツ絶望の仙台育英・須江監督「なんとかなるんじゃないかなって。慢心と呼ぶのか」一問一答」日刊スポーツ、2023年9月20日　https://www.nikkansports.com/baseball/highschool/news/202309200000521.html#goog_rewarded

XII ……須江航『仙台育英日本一からの招待　幸福度の高いチームづくり』P27、カンゼン、2022年

ゴジキ（@godziki_55）
野球評論家・著作家。これまでに『戦略で読む高校野球』（集英社新書）や『巨人軍解体新書』（光文社新書）、『アンチデータベースボール』（カンゼン）などを出版。「ゴジキの巨人軍解体新書」や「データで読む高校野球 2022」、「ゴジキの新・野球論」を過去に連載。週刊プレイボーイやスポーツ報知、女性セブン、日刊SPA!などメディアの寄稿・取材も多数。Yahoo!ニュース公式コメンテーターにも選出。本書が7冊目となる。

ブックデザイン　福田和雄（FUKUDA DESIGN）
DTP・図版制作　キャップス
校　閲　小学館クリエイティブ校閲室
編　集　川本真生（小学館クリエイティブ）

甲子園強豪校の監督術

2024年6月29日　初版第1刷発行

著　者　ゴジキ（@godziki_55）
発行者　尾和みゆき
発行所　株式会社小学館クリエイティブ
〒101-0051　東京都千代田区神田神保町2-14 SP神保町ビル
電話 0120-70-3761（マーケティング部）
発売元　株式会社小学館
〒101-8001　東京都千代田区一ツ橋2-3-1
電話 03-5281-3555（販売）
印刷・製本　中央精版印刷株式会社

ISBN978-4-7780-3633-1